PE. MÁRCIO ALMEIDA

SÃO MIGUEL
ARCANJO

O santo guerreiro da
Revolução de 1932

Versão revista e ampliada

EDITORA

Dados Internacionais de Catalogação na Publicação (CIP)
(Câmara Brasileira do Livro, SP, Brasil)

Almeida, Marcio
　　São Miguel Arcanjo, o santo guerreiro / Marcio Almeida. -- 1. ed. -- São Paulo : Angelus Editora, 2025.

ISBN 978-65-89083-21-4

1. Arcanjos 2. Igreja Católica 3. Miguel (Arcanjo) I. Título.

22-111724　　　　　　　　　　　　　　　CDD-235.3

Índices para catálogo sistemático:

1. Miguel Arcanjo : Santos anjos celestiais : Cristianismo 235.3

Aline Graziele Benitez - Bibliotecária - CRB-1/3129

SÃO MIGUEL ARCANJO
O santo guerreiro da Revolução de 1932

3ª Edição

Copyright © Angelus Editora - 2025

Direção editorial:
Maristela Ciarrocchi

Edição:
Bruno Maciel Onofrio

Revisão:
Ariane dos Santos Neves Monteiro
e Tatiana Rosa Nogueira Dias

Preparação:
Bruno Maciel Onofrio

Capa, projeto gráfico e diagramação:
Thiago Lucio

ISBN: 978-65-89083-21-4

SUMÁRIO

Imprimatur (Dom Luiz Antônio) 5
Prefácio da 3ª Edição revista e ampliada
(Pe. Emanuel - Hesed) 7
Prefácio da 1ª Edição (Loo Burnett) 11
Agradecimentos 13
Introdução 15

1. O Santo Guerreiro: quem é São Miguel Arcanjo? 21
2. As aparições de São Miguel Arcanjo
   na história da Igreja 29
3. A linha sacra de São Miguel Arcanjo 37
4. A Revolução Constitucionalista 45
5. O milagre de 1932: a aparição
   de São Miguel Arcanjo 51
6. Testemunhas do Céu: relatos e
   memórias da aparição 57
7. O marco da aparição e as peregrinações 67
8. A Basílica de São Miguel Arcanjo:
   Santuário do Santo Guerreiro 75
9. A Gruta do Arcanjo: um projeto profético
   para os tempos atuais 81

10. Levantai-vos, ó guerreiros de Deus!
A missão de São Miguel no tempo do fim:
a Grande Reconquista 87
11. Com São Miguel, queremos ser
todo de Deus! O chamado à consagração
a São Miguel Arcanjo 97
12. Conclusão: aqui o Céu tocou a terra 103
13. Orações devocionais 109
- Pequeno exorcismo de São Miguel Arcanjo 111
- Oração a São Miguel Arcanjo em
  favor dos doentes 111
- Oração a São Miguel Arcanjo pelos falecidos 112
- Coroa ou rosário de São Miguel Arcanjo 112
- Consagração das famílias
  a São Miguel Arcanjo 117
- Consagração a São Miguel Arcanjo 118
- Antiga oração atribuída a Padre Pio 119
- Antiga oração atribuída a Alcuíno 119
- Bênção e imposição do escapulário
  de São Miguel Arcanjo 120
- Quaresma de São Miguel Arcanjo 121
- Súplica ardente aos Santos Anjos 125
- Oração de libertação a São Miguel Arcanjo 131

Referências Bibliográficas 133

IMPRIMATUR

Itapetininga, 31 de julho de 2025
Memória de Santo Inácio de Loyola

Considerando o pedido da parte do Revmo. Pe. Márcio Giordany Costa de Almeida, presbítero desta Diocese em plena comunhão com a Igreja Católica, para obter a licença de publicar licitamente o livro intitulado *São Miguel Arcanjo, o Santo Guerreiro da Revolução de 1932 – versão revista e ampliada*, para uso dos fiéis; segundo a 3ª edição pela editora Ângelus; conforme aos originais protocolados junto a esta Cúria da Diocese de Itapetininga;

Considerados canonicamente consistentes os motivos apresentados no *Pedido* para a publicação do supracitado livro;

Visto o teor do c. 826, §3; e também o teor do c. 830; e ainda o teor do c. 829;

Tendo presente que não há quanto a ortodoxia da doutrina erros que coloquem em perigo a salvação das almas ou ainda atentem contra o depósito da fé;

CONCEDO

ao Revmo. Pe. Márcio Giordany Costa de Almeida a licença da publicação do livro *São Miguel Arcanjo, o Santo Guerreiro da Revolução de 1932*, exclusivamente na versão contida nos originais entregues e protocolados na Cúria da Diocese de Itapetininga.

Ficam excluídas, *ad normam* do c. 829, deste *Imprimatur* eventuais revisões ou modificações do texto original.

Recomendo vivamente a leitura do livro: *São Miguel Arcanjo, o Santo Guerreiro da Revolução de 1932*, uma obra que une fé e história. Este livro descreve o papel espiritual de São Miguel Arcanjo em um dos momentos mais marcantes da história do Brasil: a Revolução Constitucionalista de 1932. Desejo que os leitores reconheçam em São Miguel Arcanjo um poderoso intercessor nas batalhas espirituais e humanas.

† Luiz Antonio Lopes Ricci
Bispo de Itapetininga

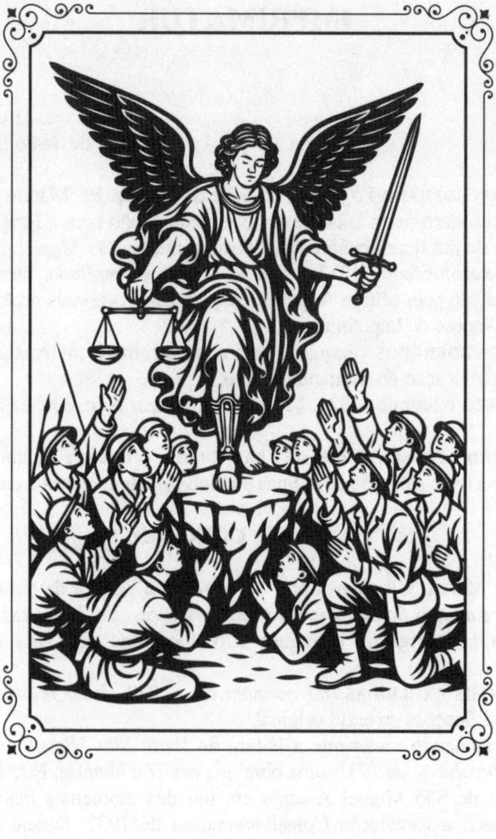

PREFÁCIO DA 3ª EDIÇÃO
REVISTA E AMPLIADA

O movimento que estamos testemunhando, de crescimento da devoção a São Miguel Arcanjo, não pode ser explicado apenas por causas humanas. Ele é, acima de tudo, um sinal sobrenatural dos tempos em que vivemos. É o próprio Deus quem está realizando, em nossos dias, aquilo que está escrito nas Sagradas Escrituras:

"Nesse tempo levantar-se-á Miguel, o grande Príncipe, que se conserva junto dos filhos do teu povo"
(Dn 12,1)

Nosso tempo é marcado por batalhas espirituais intensas. O mal se apresenta com astúcia e violência contra as famílias, contra a fé e contra a vida de oração do povo de Deus. Por isso, cresce entre nós uma corrente de devoção a São Miguel Arcanjo, o Príncipe da Milícia Celeste, porque sabemos, no mais profundo do coração, que é ele quem conduzirá o povo de Deus à vitória.

Esse movimento espiritual tem uma marca particular: ele floresce em lugares escolhidos pelo próprio São Miguel, lugares onde sua presença deixa sinais e de onde brotam fontes de graça. Assim aconteceu em

Mont Saint-Michel, na França, e na Gruta do Monte Gargano, na Itália. E assim acontece, agora, em nosso Brasil: a cidade de São Miguel Arcanjo, em São Paulo, é um marco espiritual, um solo tocado pelos pés do Santo Arcanjo, para derramar abundantes graças sobre a nossa nação.

Neste contexto de renovação espiritual, nasce também o Exército de São Miguel, um movimento de oração e combate espiritual que reúne milhares de fiéis. Sinto-me honrado em ser o primeiro sacerdote desse Exército, que convoca o povo de Deus a viver a Quaresma e a novena de São Miguel, a consagrar-se ao Arcanjo e a transformar a própria vida em campo de vitória da graça sobre o mal.

E é justamente na cidade de São Miguel Arcanjo que nasce um projeto grandioso e profético: a Gruta de São Miguel, destinada a se tornar um dos maiores centros de peregrinação do mundo. Ali, está sendo erguida a maior estátua de São Miguel Arcanjo do planeta, que se tornará um farol de fé e um convite à oração e à conversão para todo o povo de Deus. A Gruta será um espaço de cura, libertação e consagração, recebendo peregrinos de todas as partes do Brasil e do mundo, que ali encontrarão um refúgio espiritual e uma escola de combate espiritual para estes tempos decisivos.

O livro que o leitor tem em mãos, escrito pelo Pe. Márcio Almeida, Reitor da Basílica de São Miguel Arcanjo — na cidade de São Miguel Arcanjo (SP), onde o próprio São Miguel apareceu — e fomentador do grande projeto de devoção a São Miguel nessa cidade, cumpre uma missão muito importante: resgatar a memória sagrada do momento em que São Miguel Arcanjo visitou a nossa terra brasileira e semeou a paz em meio às lutas fratricidas que feriam profundamente nossa pátria. Naquele tempo de conflitos, o Arcanjo foi o anjo da paz, e hoje continua a conceder cura, libertação e encontros profundos com a misericórdia de Deus a todos que recorrem à sua intercessão — seja rezando a Quaresma de São Miguel, fazendo sua novena, visitando seus santuários ou recebendo os sinais sagrados como as pedras do Monte Gargano.

Além do relato histórico e devocional, esta obra também apresenta as grandes linhas da presença de São Miguel no mundo, inscrevendo o Brasil no mapa espiritual que une os santuários, as aparições e a missão profética do Arcanjo. É um livro que, em sintonia com o movimento da Grande Reconquista, desperta os corações para o combate espiritual, para a consagração a São Miguel de Dioceses inteiras e para o desejo de viver inteiramente para Deus.

Que esta leitura seja para você um convite à esperança e à coragem, e que cada página reacenda o clamor que une o Céu e a terra:

Quem como Deus? Ninguém!

Pe. Emanuel, Instituto Hesed
Piracicaba, 31 de julho de 2025.

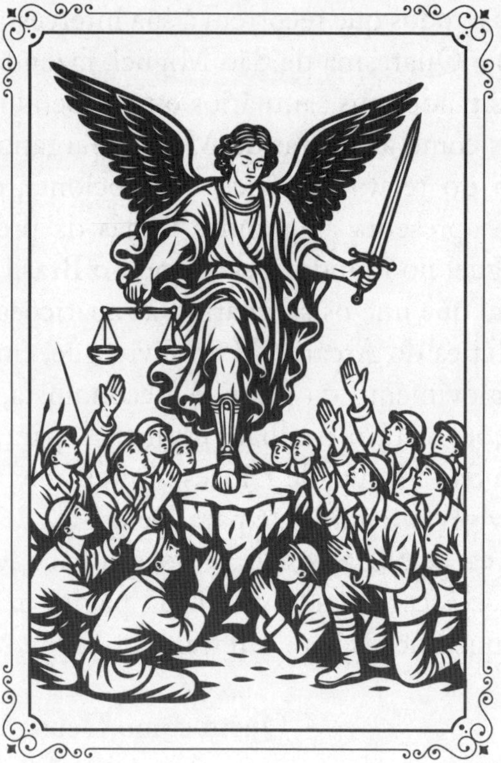

PREFÁCIO DA 1ª EDIÇÃO

Sou Loo Burnett, escritora e idealizadora das páginas São Miguel Arcanjo Oficial — presentes no Facebook, Instagram e Youtube, cujo apostolado realizo há mais de 10 anos.

Escrever o prefácio do livro *O Santo Guerreiro*, deixou-me lisonjeada, pois todo o convite que vem com a oportunidade para falar sobre o anjo mais importante do Céu, pode-se considerar uma bênção do Alto.

A presente obra narra a devoção ao Arcanjo de forma histórica, salientando os principais episódios e apresentando a célebre Linha Sacra de São Miguel, que o leitor terá acesso de forma enriquecedora nas próximas páginas. Quando lemos sobre São Miguel e suas aparições privadas, que ocorreram desde os primeiros séculos da Idade Média na Europa, enchemos os olhos ao saber que o Arcanjo se manifestou diversas vezes, a fim de realizar grandes feitos — o que é típico dessa ordem angélica. Os arcanjos estão acima dos anjos na hierarquia celeste e, se os anjos nos trazem mensagens particulares, aos arcanjos é atribuído o encargo de continuar trazendo as mensagens, porém as de caráter especial e extraordinário.

Como fiéis e devotos de São Miguel, muitas vezes exortamos os familiares e os amigos em dificuldade a recorrer ao auxílio do Príncipe das Milícias Celestiais.

Afinal, são muitas vitórias atribuídas ao Arcanjo, especialmente a inaugural, quando São Miguel expulsou Lúcifer trazendo o primeiro triunfo ao Reino de Deus. Quem deseja vencer uma batalha deve unir-se àquele que sempre venceu todas as contendas. E, nas páginas desta excelente e tão bem escrita obra do meu amigo, o Reitor da Basílica de São Miguel Arcanjo, Pe. Márcio Almeida, inflamos o peito com orgulho ao descobrir um outro episódio deste Santo Anjo Guerreiro, desta vez em território nacional. Sim, São Miguel também passou por aqui em época de guerra e deixou-nos a sua mensagem!

Está mais do que na hora do brasileiro se apegar às virtudes de São Miguel. Somos um povo destemido na luta diária em busca de oportunidades, de segurança, de assistência à saúde, de emprego e de educação. E qual o padroeiro estamos escolhendo para nos encorajar e suportar os combates da vida? Aquele que surgiu, desde o princípio, com humildade e com a característica da conquista para o bem.

Parabenizo o Padre Márcio Almeida por oferecer aos católicos e devotos de São Miguel uma história tão linda e tão próxima de nós. Que o Santo Guerreiro, o Arcanjo Miguel, faça morada em seu coração a partir desta bela leitura, iluminando-o nas trincheiras da vida com seu estandarte de luz.

São Miguel Arcanjo, defendei-nos no combate!

Loo Burnett
Porto Alegre, 7 de março de 2022.

AGRADECIMENTOS

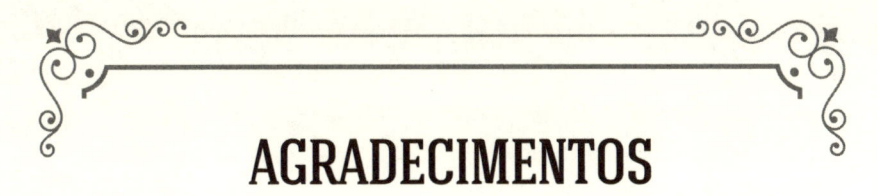

Sou imensamente grato a Deus pelo dom da vida. Apesar das lutas e batalhas próprias da existência humana, viver é uma dádiva que me alegra a cada dia.

Agradeço a São Miguel Arcanjo por ter me escolhido — de forma tão misteriosa e concreta — para propagar esta devoção há mais de 10 anos.

Agradeço aos meus pais, que me deram a vida, e a todos os meus familiares, que me ajudaram a ser quem sou.

Expresso minha gratidão à Santa Igreja Católica, Apostólica, Romana, na pessoa de Dom Luiz Antônio Lopes Ricci, Bispo da Diocese de Itapetininga, que tem incentivado com generosidade o trabalho de evangelização realizado aqui em São Miguel Arcanjo, e que prontamente concedeu o novo *imprimatur* para esta edição.

Agradeço também aos amigos — pessoas que fizeram e fazem parte da minha caminhada e que trago com alegria no coração.

E a você, estimado leitor, e a todos os devotos de São Miguel Arcanjo, o meu carinho, a minha prece e a minha sincera gratidão. Que este livro o ajude a caminhar mais firmemente na fé e no combate espiritual.

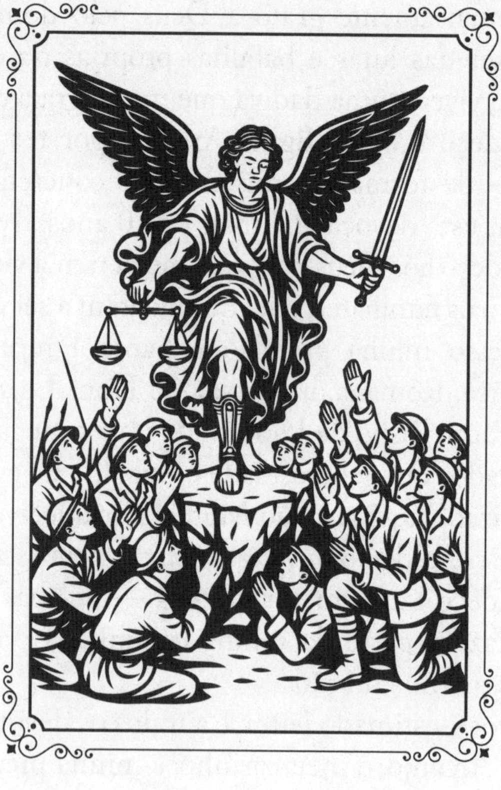

INTRODUÇÃO

O Santo Guerreiro... assim tenho me referido a São Miguel Arcanjo, por reconhecer nele esse grande defensor, Príncipe dos Exércitos do Senhor, guerreiro que marcha à nossa frente para nos proteger nas lutas e nas guerras da vida espiritual.

Afinal de contas, o próprio Deus lhe confiou essa missão!

Ao pensar em escrever este livro, uma pergunta não saía da minha mente: como apresentar aos devotos de São Miguel Arcanjo um fato ocorrido há mais de 90 anos e que permaneceu apenas no coração e nas lembranças do povo são-miguelense? Como narrar uma aparição, um milagre, com tão pouca documentação oficial e técnica?

Mesmo diante desses questionamentos, mas motivado pela proximidade dos 90 anos da Revolução Constitucionalista, no ano de 2022, decidi escrever essa história em um livro, que agora apresento novamente, em edição revista e ampliada.

Mas antes de falar mais sobre o livro, deixa eu me apresentar para você.

Nasci em Fortaleza (CE), em 1974. Não cresci em um ambiente religioso. Embora minha família fosse, em sua maioria, católica, naquele momento não era muito assídua na Igreja. Durante a adolescência e a juventude, minha atenção estava voltada aos estudos, ao surfe, às festas e aos relacionamentos... até que, aos 24 anos, conheci a Comunidade Católica Missionária Recado, na qual vivi uma forte experiência com Deus. A partir de então, minha vida mudou radicalmente.

Passei a frequentar a Missa todos os dias, os grupos de oração e os encontros vocacionais. Em 2001, aos 27 anos, deixei o emprego, terminei um namoro e me tornei um leigo de vida consagrada. Em 2003, fui transferido para uma casa de missão em Tatuí (SP).

Já vivia um tempo de discernimento vocacional e sentia um profundo desejo de abraçar o sacerdócio. Após uma caminhada de oração, estudos e amadurecimento, fui ordenado sacerdote em 2009, aos 35 anos, na Diocese de Itapetininga.

Sou formado em Administração de Empresas pela Universidade Federal do Ceará e em Teologia pelo Instituto de Teologia São João Paulo II, de Sorocaba (SP), com diploma convalidado pela Faculdade Dehoniana, de Taubaté (SP). Tenho pós-graduação em Espiritualidade, Orientação Espiritual e Gestão Religiosa.

Desde 2012, sou pároco e reitor da Paróquia São Miguel Arcanjo — Basílica Santuário, na cidade de São Miguel Arcanjo. Santuário desde 2013, por concessão do nosso bispo diocesano; e Basílica desde 2018, por decisão — que muito nos honra — da Santa Sé. Atualmente, a única Basílica do Brasil e da América Latina dedicada ao poderoso Arcanjo é a nossa!

Nessa caminhada de profunda devoção ao Santo Guerreiro, busquei também aprofundar as raízes da minha fé, a qual tenho partilhado com os devotos de São Miguel Arcanjo.

Já escrevi cinco livros sobre São Miguel, abordando aspectos bíblicos, teológicos, doutrinais e populares, além de apresentar uma metodologia de consagração pessoal ao Arcanjo.

Este livro foi o meu segundo. Nele, apresento a você, caro leitor, uma visão geral sobre São Miguel Arcanjo, algumas de suas aparições ao longo da história — a famosa Linha Sacra, a caminhada da nossa Igreja como Santuário e Basílica, o crescente movimento de peregrinação que se tornou marca da nossa cidade, e tudo o que envolve essa devoção viva em nosso território sagrado.

Mas, em especial, narro o que aconteceu aqui, em nossa cidade, em 1932, durante a Revolução Constitucionalista.

A guerra foi travada entre as forças do governo federal — chamadas de getulistas, governistas ou federalistas — e as forças do governo paulista, conhecidas como constitucionalistas, por defenderem o retorno do regime constitucional ao país.

Meu objetivo não é entrar em análises políticas, nem tomar partido nesse conflito histórico. Mas, sim, apresentar, com a maior fidelidade possível, o que aqui aconteceu — e que, durante mais de 90 anos, permaneceu oculto da maioria das pessoas, mas preservado na fé e na memória popular.

Para aprofundar os detalhes históricos da revolução, contei com a valiosa colaboração do jornalista Alex Solnik, a quem agradeço profundamente pelo empenho na pesquisa.

Nessa nova edição, decidi diminuir os relatos da Revolução e me concentrar no relato da aparição.

O Catecismo da Igreja Católica, no parágrafo 67, afirma:

> No decurso dos séculos, houve revelações denominadas "privadas", e algumas delas têm sido reconhecidas pela autoridade da Igreja. Elas não pertencem, contudo, ao depósito da fé. A função delas não é "melhorar" ou "completar" a Revelação definitiva de Cristo, mas ajudar a vivê-la com mais plenitude em determinada época da história.

Como bem explica esse ensinamento, algumas revelações privadas são reconhecidas pela Igreja, outras não — e isso se dá por critérios muito prudentes, para proteger a fé dos fiéis. O essencial é que tais revelações ajudem os cristãos a viverem melhor o Evangelho de Nosso Senhor Jesus Cristo.

A Congregação para a Doutrina da Fé, responsável por esses assuntos no Vaticano, publicou orientações importantes sobre os critérios para o reconhecimento de revelações privadas. Nesse documento, é citada uma fala do Papa Bento XVI:

> O valor das revelações privadas é essencialmente diverso do da única Revelação pública: esta exige a nossa fé. O critério da verdade de uma revelação privada é a sua orientação para o próprio Cristo. Quando ela nos afasta d'Ele, certamente não vem do Espírito Santo (...). A revelação privada é uma ajuda para a fé, e manifesta-se como credível precisamente porque orienta para a única revelação pública.

Dito isso, desejo apenas compartilhar com você, caro leitor, algo que aconteceu em nossa terra — a cidade de São Miguel Arcanjo, interior de São Paulo. Não buscamos o reconhecimento canônico do evento. O que desejo é registrar e tornar conhecida essa história que há muito tempo habita o coração do nosso povo.

Agradeço, de modo especial, ao Instituto Hesed pelo grande apostolado realizado através do Exército de São Miguel, que tornou essa devoção ainda mais conhecida no Brasil, e por terem prontamente aceitado meu convite de escrever o novo prefácio desta edição.

Agradeço também à querida Loo Burnet, escritora, devota e divulgadora de São Miguel Arcanjo que, com carinho, escreveu o primeiro prefácio desta obra, em 2022.

Desejo a você uma leitura cheia de fé e luz — e que este livro ajude sua alma a se levantar com coragem, com São Miguel à frente, sempre proclamando: "Quem como Deus?!"

Padre Márcio Almeida
São Miguel Arcanjo, setembro de 2025.

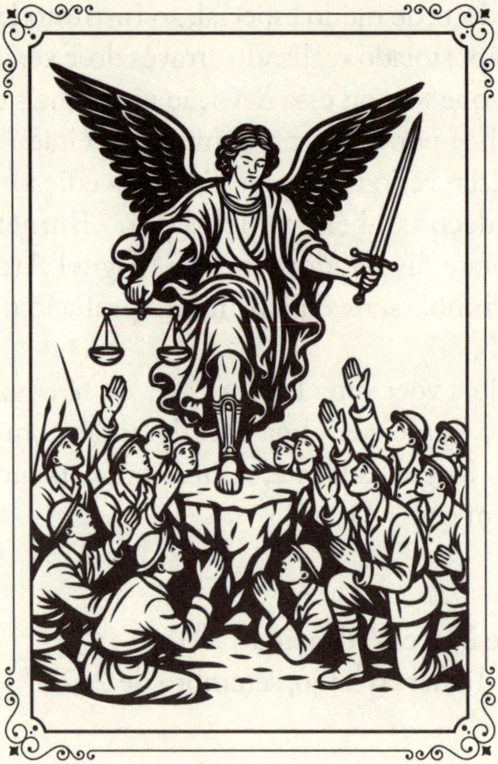

Capítulo 1

O SANTO GUERREIRO: QUEM É SÃO MIGUEL ARCANJO?

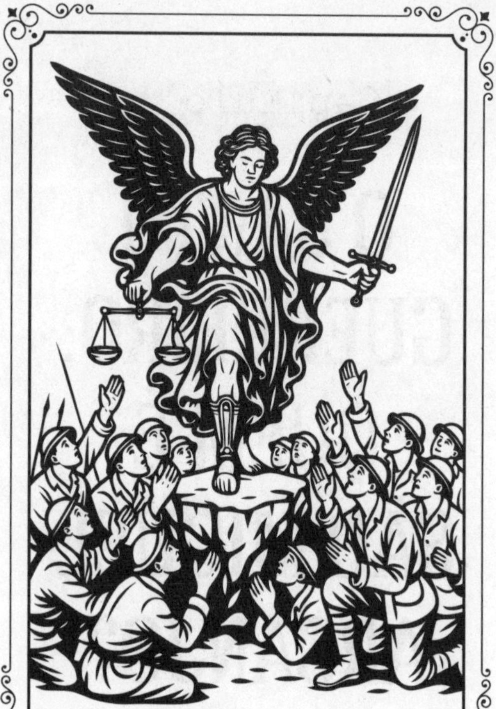

SÃO MIGUEL ARCANJO

Moro em São Miguel Arcanjo desde 2010, e, particularmente, desde 2012, quando assumi a Paróquia, me dediquei ao aprofundamento deste Príncipe da Milícia do Céu, o Defensor do Povo de Deus, a quem carinhosamente tenho chamado de "Santo Guerreiro". Falar dele tem sido mais que um apostolado: é uma verdadeira missão pessoal.

São Miguel Arcanjo não é uma moda, uma metáfora e, nem mesmo, uma pessoa humana. Ele é um anjo, criado por Deus no início da criação, como professamos na fé através da fórmula do Símbolo Niceno-Constatinopolitano. Um ser puramente espiritual e imortal, como ensina o Catecismo da Igreja Católica no número 330. Como os anjos, ele foi criado para servir a Deus, para adorá-Lo e para cooperar em Seu plano de salvação. São Miguel pertence ao número daqueles anjos que, segundo o Catecismo, *"estão presentes desde a criação e ao longo de toda a história da salvação, anunciando de longe ou de perto esta salvação e servindo ao desígnio divino da sua realização"* (CIC 332). Como arcanjo, São Miguel tem uma missão particular de combate, proteção e condução das almas. Ele está a serviço da glória divina e da salvação dos homens.

Seu nome traz sua missão. *Mi-ka-El?* — "Quem como Deus?" Uma pergunta que se tornou um grito de defesa, marcado por muito amor. *"Quem pode querer ser como Deus? Quem pode querer ocupar o lugar de Deus?"* Não é uma expressão de dúvida, mas de adoração e de fidelidade.

A Tradição da Igreja reconhece São Miguel como o príncipe dos exércitos celestes, o defensor do povo de Deus, o guardião das almas, o condutor das almas ao Céu, o anjo do julgamento, o protetor da Igreja e o vencedor das forças infernais. Títulos que não foram inventados por devoção popular, mas que surgem da própria revelação bíblica e da fé viva da Igreja ao longo dos séculos.

A primeira menção direta a São Miguel nas Sagradas Escrituras aparece no Livro de Daniel, em um momento decisivo da história do povo de Israel. O profeta recebe visões espirituais sobre o destino do povo de Deus. E é aí que Miguel aparece como o anjo defensor:

"Nesse tempo levantar-se-á Miguel, o grande Príncipe, que se conserva junto dos filhos do teu povo"
(Dn 12,1)

É interessante notar que o verbo usado — "levantará" — indica movimento, ação, prontidão. Miguel não é passivo. Ele se levanta, intervém, protege e luta. Quando tudo parece desmoronar, ele se levanta.

Um pouco antes, no livro de Daniel, capítulo 10, outro anjo diz a Daniel:

"Ninguém me presta auxílio para estas coisas senão Miguel, vosso Príncipe"
(Dn 10,21)

Ou seja, Miguel é apresentado como o anjo protetor de um povo inteiro. E não apenas de um povo antigo, mas de todos os que hoje pertencem ao povo de Deus pela fé e pelo Batismo. Ele continua sendo o mesmo príncipe e intercessor dos fiéis, das famílias e da Igreja. No Novo Testamento, São Miguel aparece em dois momentos decisivos.

O primeiro está na Carta de São Judas, que afirma:

> "*O arcanjo Miguel, quando discutia com o diabo, disputando o corpo de Moisés, não se atreveu a proferir contra ele um juízo de maldição, mas disse: 'O Senhor te repreenda!'*"
> (Jd 1,9)

Aqui vemos Miguel numa disputa espiritual direta contra Satanás. Ele não age por conta própria. Ele não luta com armas humanas. Ele clama o nome do Senhor. É um guerreiro que combate com obediência e autoridade espiritual.

Mas é no Apocalipse de São João que encontramos a imagem mais forte e emblemática de sua missão:

> "*Houve então uma batalha no Céu: Miguel e seus anjos guerrearam contra o Dragão. O Dragão lutou junto com os seus anjos, mas foi derrotado, e eles perderam o seu lugar no Céu*"
> (Ap 12,7-8)

Essa batalha não é apenas uma cena do passado, nem algo restrito ao fim dos tempos. É uma realidade que atravessa a história da salvação e se estende até hoje. Vivemos em meio a essa luta. O mundo está em guerra espiritual. E São Miguel continua no campo de batalha.

O Magistério da Igreja, ao longo dos séculos, reconheceu essa missão extraordinária do Arcanjo. O Papa Leão XIII, movido por uma visão espiritual profunda, compôs a oração a São Miguel pedindo sua proteção contra os demônios — um verdadeiro exorcismo! Vários papas, santos, padres da Igreja e teólogos confirmaram seu papel como defensor da Igreja e patrono na hora da morte.

O Catecismo da Igreja Católica, no número 336, ao falar dos anjos, afirma que *"desde o início até a morte, a vida humana é cercada por sua proteção e intercessão"*. A Tradição sempre entendeu que os anjos — e em especial São Miguel — estão conosco para nos guardar, guiar e conduzir até Deus.

Na liturgia, o nome do Santo Anjo é citado na Oração Eucarística I (o Cânon Romano), pedindo que conduza nossas orações ao altar do Céu. Ele também é lembrado no prefácio dos Anjos, nas orações fúnebres e, de modo especial, na festa de 29 de setembro.

Ao longo dos séculos, santuários, montes e aparições ligados a São Miguel foram se multiplicando: Monte Gargano (Itália), Mont Saint-Michel (França), Colônia (Alemanha), Tlaxcala (México) e tantos outros lugares onde sua presença espiritual foi sentida de forma intensa.

Mas quem é, afinal, São Miguel para mim e para você?

Ele é o nosso companheiro de batalha, o nosso Santo Guerreiro! É o anjo que está ao nosso lado quando enfrentamos tentações, medos, provações, doenças e combates espirituais. É aquele que defende nossas famílias, nossas paróquias, nossas dioceses e a Igreja no mundo inteiro.

SÃO MIGUEL ARCANJO

É o Santo Guerreiro, que não dorme, não hesita, não abandona os que nele confiam.

Em tempos de tantas ameaças contra a fé, contra a dignidade humana e contra a verdade do Evangelho, precisamos nos unir a ele em oração, fidelidade e coragem.

Quando clamamos com fé: *"São Miguel Arcanjo, defendei-nos no combate!"*, não estamos apenas rezando — estamos nos posicionando como soldados, conscientes da luta, confiantes na vitória.

E ele, com certeza, se levanta.

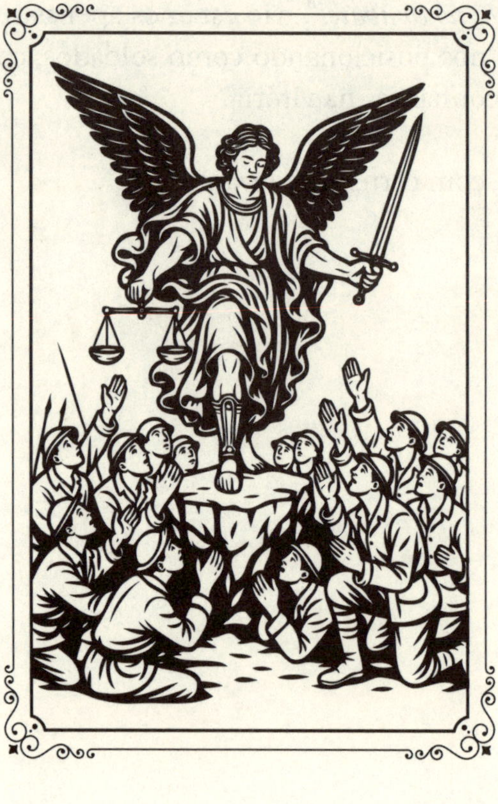

Capítulo 2

AS APARIÇÕES DE SÃO MIGUEL ARCANJO NA HISTÓRIA DA IGREJA

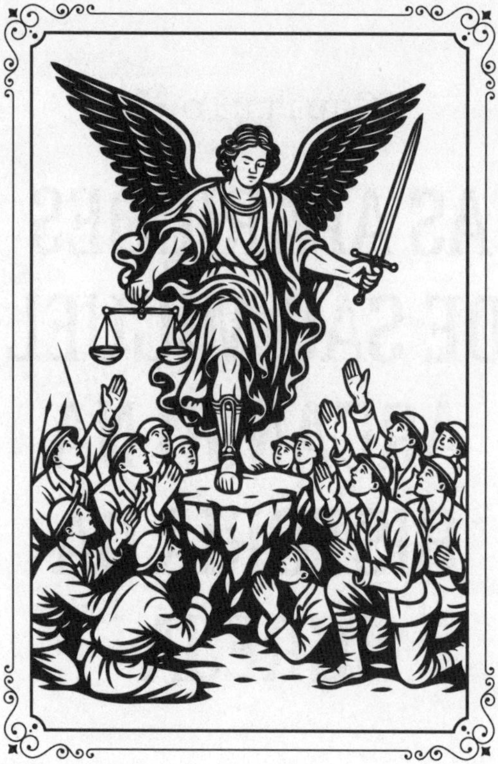

SÃO MIGUEL ARCANJO

Estamos no início do século quinto. Na região da Apúlia, sul da Itália, vivia um fazendeiro e pastor chamado Gargano. Certo dia, um de seus touros desapareceu. Percebendo a ausência do animal, ele reuniu alguns homens e saiu em busca do touro perdido. Encontraram-no ajoelhado diante da entrada de uma gruta, como que em atitude de adoração. Tentaram puxá-lo dali, mas o animal parecia colado ao chão, imóvel, como por força invisível.

Irritado, o senhor Gargano decidiu matar o touro com uma flechada. Mas, para espanto de todos, a flecha desviou-se no ar e voltou contra o próprio fazendeiro, ferindo-o. Assustados com o que viram, os companheiros do pastor correram até o bispo local, Dom Lorenzo Maiorano, para relatar o fato extraordinário. O bispo, homem de fé e discernimento, proclamou três dias de jejum e oração para que Deus manifestasse o que desejava com tudo aquilo.

No dia seguinte, ao fim do jejum, 8 de maio de 490, São Miguel Arcanjo apareceu a Dom Lorenzo e declarou que fora ele o responsável por aquele prodígio. Disse ainda, que aquela gruta havia sido escolhida e consagrada por ele mesmo para ser um lugar sagrado, de culto, de devoção, de graças e de peregrinação.

Dois anos depois, em 492, a então cidade de Siponto — onde está localizada a gruta da aparição — sofreu um ataque dos bárbaros. Guerreiros godos, comandados pelo rei Odoacro, marchavam para tomar o monte onde se encontrava a caverna sagrada, praticamente desprotegida. Diante da ameaça, Dom Lorenzo obteve uma trégua de três dias e recolheu-se em oração na gruta. São Miguel Arcanjo apareceu-lhe novamente e lhe anunciou a vitória. E, de fato, no dia 8 de maio, os inimigos foram derrotados de maneira inexplicável.

A terceira aparição de São Miguel aconteceu em 493, quando Dom Lorenzo decidiu consagrar o local ao culto cristão. O Arcanjo, então, lhe disse que ele próprio já havia consagrado aquele lugar e que caberia ao bispo apenas entrar e promover ali a fé. Obediente, Dom Lorenzo reuniu outros bispos e uma grande multidão e partiram todos em procissão até a gruta. Era um dia muito quente, de sol escaldante. Subitamente, algumas águias surgiram no céu e sobrevoaram a multidão, proporcionando sombra àquela caminhada sagrada.

Segundo a tradição, *"o bispo subiu à montanha à frente de sete bispos, do clero e de toda a população. Uma vez juntos na Gruta, encontraram a pegada de um pé impressa na rocha e um altar em pedra coberto com um pano vermelho: estas, os sinais simples, do único santuário consagrado não por mãos humanas, apenas esperando que o povo de Deus lhe celebrasse a Santa Missa"*[1].

Essa entrada solene ocorreu no dia 29 de setembro.

Mais de mil anos depois, em 1656, a região foi assolada por uma peste que causava grande sofrimento ao povo. O arcebispo Dom Alfonso Puccinelli retirou-se em oração ao Monte Sant'Angelo, o Monte Gargano, e ali São Miguel Arcanjo apareceu a ele novamente. O Arcanjo pediu que fossem consagradas algumas pedras da gruta, marcando-as com uma cruz e com a inscrição

---

1. TECU USEI, Museus dos Tesouros do Culto Micaélico, p. 13, versão em português. Basílica do Santuário de São Miguel Arcanjo. Itália.

SÃO MIGUEL ARCANJO

"MA", de Miguel Arcanjo. Afirmou que todos os que usassem com fé aquelas pedras seriam preservados da peste. Assim foi feito, e a região, de forma extraordinária, foi poupada da doença.

Desde então, a gruta do Monte Gargano tornou-se um Santuário de muita peregrinação e de inúmeras graças. Fiéis e devotos do mundo inteiro vão até aquela pequena cidade para rezar aos pés de São Miguel Arcanjo. Entre os muitos peregrinos, estiveram os papas Gelásio I, Leão IX, Urbano II, Alexandre III, Gregório X, Celestino V e São João Paulo II. Aquele Santuário também foi visitado por grandes santos da Igreja, como São Tomás de Aquino, Santo Afonso de Ligório, São Francisco de Assis e São Pio de Pietrelcina.

Ao longo da história cristã, outras manifestações do Arcanjo foram registradas.

Por volta do ano 312, São Miguel apareceu ao imperador Constantino Magno. Embora sua mãe, Santa Helena, já fosse cristã, Constantino ainda não seguia a fé da mãe. Naquela época, os cristãos eram perseguidos, mortos e tinham seus bens confiscados. O império era hostil à fé. Constantino combatia na Gália quando teve uma visão de São Miguel rodeado de anjos, mostrando-lhe uma cruz luminosa com a inscrição: *"Com este sinal vencerás"*. Comovido, mandou forjar um estandarte com o sinal da cruz e o levou à frente das tropas. A vitória foi conquistada no dia 12 de outubro de 312. A partir de então, o imperador tornou-se cristão e devoto de São Miguel, mandando construir Igrejas em sua honra.

Outra manifestação muito conhecida aconteceu em Portugal, no século XVII. A serva de Deus Antônia de

Astônaco, religiosa carmelita, teve uma revelação privada de São Miguel Arcanjo, que lhe pediu a composição de uma oração em sua honra. Nascia ali a Coroa Angélica, também chamada de Rosário de São Miguel, composta por nove saudações aos nove coros dos anjos. Essa devoção se difundiu em diversos idiomas e, posteriormente, foi reconhecida e indulgenciada pelo Papa Pio IX, em 8 de agosto de 1851.

Em 1631, São Miguel apareceu no México, ao jovem Diego Lázaro. Foi a primeira de três aparições que marcaram sua vida. Segundo a tradição, São Miguel disse ao jovem: *"Você deve saber, meu filho, que eu sou São Miguel Arcanjo. Venho lhe dizer que é vontade de Deus e minha que diga às pessoas deste povoado e de seus arredores que nesta quebrada entre dois morros, e naquela em frente a este lugar, encontrarão uma fonte de água milagrosa, sob um penhasco muito grande, que curará todas as doenças. Não duvide do que lhe digo, nem deixe de fazer o que lhe ordeno".* Tomado pelo medo, Diego não cumpriu a missão.

Segundo relatos do atual Santuário erguido no local, como castigo por sua desobediência, o jovem adoeceu gravemente, com febre altíssima. Quando estava entre a vida e a morte, à meia-noite de 7 para 8 de maio daquele ano, São Miguel apareceu-lhe novamente, curou-o e o conduziu até o local da fonte, indicando onde deveria ser erguido o Santuário. Uma terceira aparição se deu no dia 13 de novembro.

Assim, vemos que São Miguel Arcanjo acompanha o povo de Deus com amor e fidelidade, manifestando-se como defensor, intercessor e guardião da fé. Ao longo da

SÃO MIGUEL ARCANJO

história, multiplicam-se os sinais, os milagres e as aparições. Um grande mistério da fé!

E esse mistério torna-se ainda mais fascinante quando contemplamos a chamada Linha Sacra de São Miguel Arcanjo.

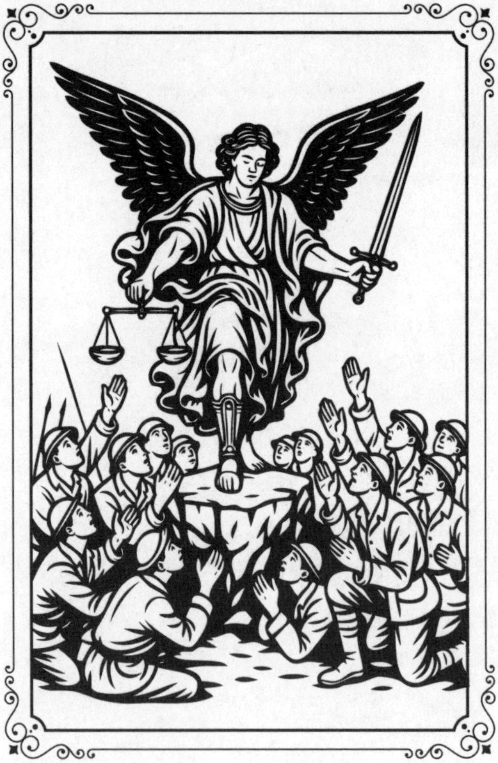

Capítulo 3

A LINHA SACRA DE SÃO MIGUEL ARCANJO

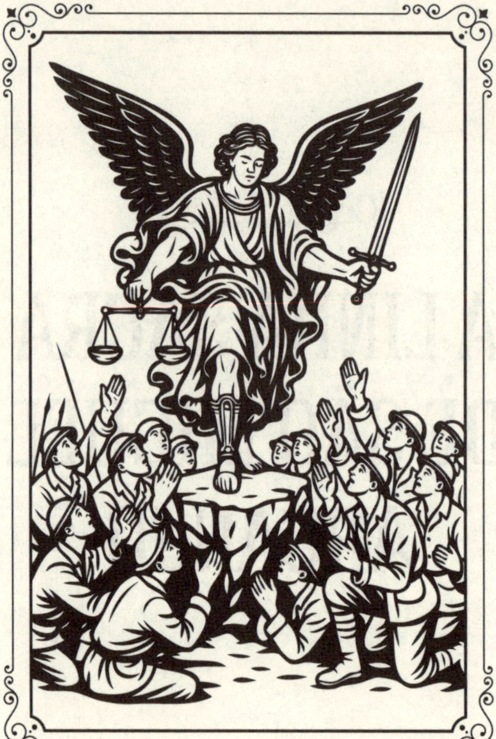

SÃO MIGUEL ARCANJO

Na dimensão da fé, o mistério se manifesta de muitas formas. Não é diferente com a devoção a São Miguel Arcanjo. Já vimos que suas aparições estão frequentemente associadas a sinais de vitória, cura e proteção. As imagens de São Miguel quase sempre o mostram em combate: espada, lança, escudo, armadura. Ele luta. Ele defende. Ele protege.

Há alguns anos, circulou pela internet uma notícia curiosa e bela: sete santuários, de alguma forma ligados a São Miguel Arcanjo, estariam alinhados numa mesma linha reta, como se a espada do Arcanjo tivesse tocado a terra de norte a sul, deixando um rastro de proteção. Esse fato ficou conhecido como Linha Sacra de São Miguel Arcanjo. Ela começa no extremo oeste europeu (sul da Irlanda) e segue, com surpreendente precisão, em direção ao Oriente, chegando até a Terra Santa.

Trata-se de um sinal espiritual? Uma coincidência geográfica? Uma catequese do Céu? Não temos respostas definitivas. Mas a fé nos permite contemplar esse alinhamento como um convite à conversão e ao combate espiritual. Graças à tecnologia, podemos visitar cada um desses lugares, mesmo à distância. Convido você, então, a fazer comigo uma pequena peregrinação imaginária pela Linha Sacra de São Miguel Arcanjo.

1. SKELLIG MICHAEL - IRLANDA

Uma ilha rochosa, abrupta, que se ergue do Atlântico como uma ponta de lança. Para chegar ao topo é preciso subir centenas de degraus talhados na pedra.

Lá no alto, num cenário quase inóspito, monges buscaram Deus no silêncio, na oração e na penitência, à maneira dos antigos Padres do Deserto. A tradição liga esse lugar a São Patrício e à proteção de São Miguel, invocado para libertar a Irlanda das forças do mal. O mosteiro foi fundado por um discípulo de São Patrício, Santo Finnian de Clonard, um dos maiores santos irlandeses. Os monges que lá viviam, seguiam o exemplo dos Padres do Deserto, que se isolavam do mundo para orar, jejuar e meditar.

2. SAINT MICHAEL'S MOUNT - INGLATERRA

Seguimos ao sul, ainda alinhados, e encontramos uma ilha de maré: na maré baixa, caminha-se a pé; na cheia, só de barco. A devoção a São Miguel aqui remonta à Antiguidade cristã. Em antigos relatos, um pescador teria visto São Miguel sobre as águas. Outros o avistaram no alto do monte, como sentinela que guarda a costa. O local já foi mosteiro, priorado, fortificação e residência; mas, sobretudo, permaneceu como lugar de oração. A memória do Arcanjo que vigia e protege atravessou as gerações.

3. MONT-SAINT-MICHEL - FRANÇA

Cruzamos o Canal da Mancha e chegamos a um dos santuários mais conhecidos do mundo. Antes chamado Monte Tumba, o lugar era habitado por eremitas. No século VIII, o bispo de Avranches, São Auberto, recebeu em sonho a ordem de São Miguel para construir ali um santuário como no Monte Gargano. Duvidou. O Arcanjo voltou e ele ainda hesitou. Na terceira vez, Miguel tocou sua cabeça — e o bispo acordou com a marca do toque. Obedeceu. A Igreja foi erguida. Ao longo dos séculos, o monte tornou-se abadia, centro espiritual, fortaleza e símbolo de resistência da fé. Durante guerras, tempestades e marés traiçoeiras, São Miguel foi venerado ali como protetor. Curiosamente, ingleses e franceses, muitas vezes em lados opostos da história, o reverenciam como guardião de suas terras. O guerreiro do Céu não se limita às nossas fronteiras humanas.

4. SACRA DI SAN MICHELE - ITÁLIA

Descendo a linha rumo ao sul, chegamos às montanhas do Piemonte. Num alto promontório ergue-se a Sacra di San Michele. A tradição relata que um eremita, mais tarde conhecido como São João Vicente, recebeu de São Miguel o pedido de construir ali uma Igreja. Sem recursos, buscou ajuda. Aos poucos, uma abadia surgiu e tornou-se rota importante de peregrinos. Ao longo dos séculos, foi ampliada, danificada e restaurada. Hoje permanece como sentinela de pedra apontando para o céu — um lembrete de que a fé resiste, mesmo quando povos, impérios e fronteiras mudam.

5. MONTE SANT'ANGELO - ITÁLIA

Continuamos descendo e reencontramos o lugar das quatro aparições narradas no capítulo anterior: a gruta de São Miguel no Monte Gargano. Ali o Arcanjo se manifestou ao bispo Lorenzo Maiorano; ali anunciou proteção; ali indicou que a gruta já era consagrada por ele; ali concedeu socorro na peste. Cada peregrino que desce os 86 degraus até o interior da gruta, sai com a impressão de ter subido espiritualmente. Séculos de oração encharcaram aquelas pedras. Papas e santos ali rezaram. Desde 2011, o Santuário integra a lista de patrimônio da humanidade, reconhecimento que confirma o que os devotos já sabiam: aquele é um lugar onde o Céu toca a terra.

6. MOSTEIRO DO ARCANJO MIGUEL DE PANORMÍTIS - GRÉCIA

Nossa peregrinação segue para o Mar Egeu. Na enseada de Panormítis, na ilha de Symi, ergue-se um mosteiro dedicado ao Arcanjo. Um ícone de São Miguel, venerado como milagroso, tornou o local famoso entre marinheiros e famílias gregas. Há relatos antigos: sempre que o ícone era levado para outra localidade, misteriosamente retornava a Panormítis. Garrafas com pedidos lançadas ao mar de lugares distantes foram parar na praia do mosteiro. Na sala de ex-votos, barquinhos pendurados agradecem salvamentos em tempestades. Quem chega recebe velas simples de cera de abelha: sinal de oração, gratidão e confiança.

7. MONTE CARMELO - HAIFA, ISRAEL

No extremo oriental dessa linha simbólica está o Monte Carmelo, terra do profeta Elias, onde nasceu a espiritualidade carmelita. Eremitas viveram em grutas, rezando e meditando a Palavra. Daqui viria, mais tarde, a Ordem do Carmo. O mosteiro atual passou por destruições e reconstruções, guerras e ocupações. A devoção a São Miguel encontrou espaço entre os monges, que o invocavam como protetor e intercessor. Em algumas representações, o Arcanjo pesa as almas e acompanha os profetas. No Carmelo, a memória de Elias — que combateu os falsos deuses — se une ao combate espiritual do Arcanjo Miguel, que luta contra o mal desde a origem.

Encerramos nossa peregrinação pela Linha Sacra de São Miguel Arcanjo. São lugares distantes entre si, marcados por histórias diversas: ilhas, rochedos, fortalezas, grutas, montes bíblicos. E, no entanto, alinhados. Coincidência ou sinal? Talvez o mais importante não seja resolver o mistério, mas escutá-lo. A "linha" pode ser um convite: alinhar a nossa vida com Deus, como quem se coloca sob a espada protetora de São Miguel.

No próximo capítulo, veremos como essa presença de São Miguel atravessa também a nossa história aqui no Brasil.

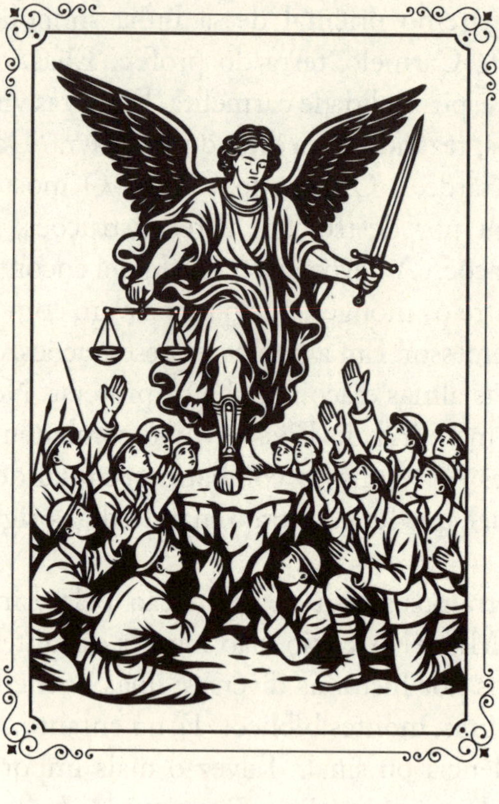

Capítulo 4

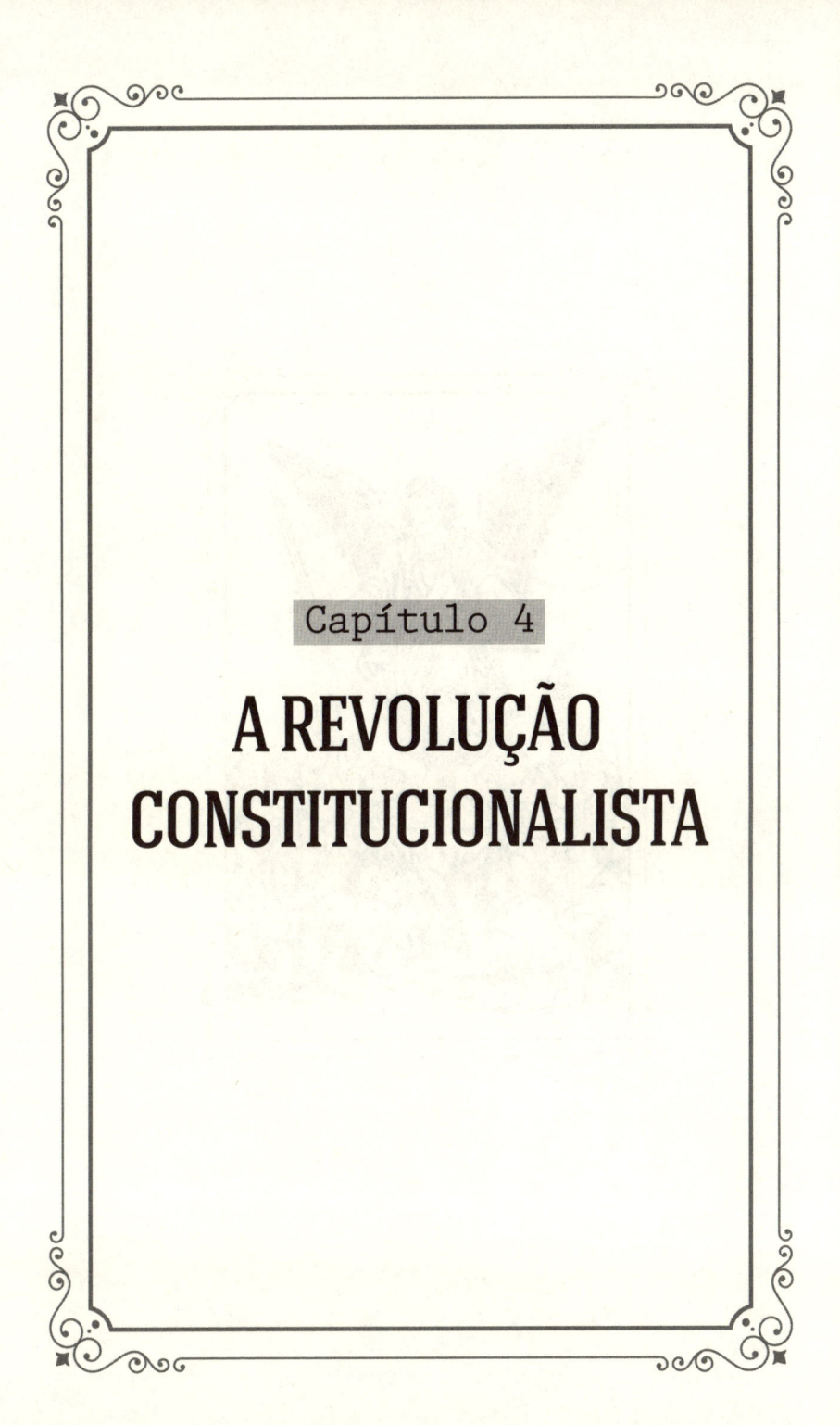

A REVOLUÇÃO CONSTITUCIONALISTA

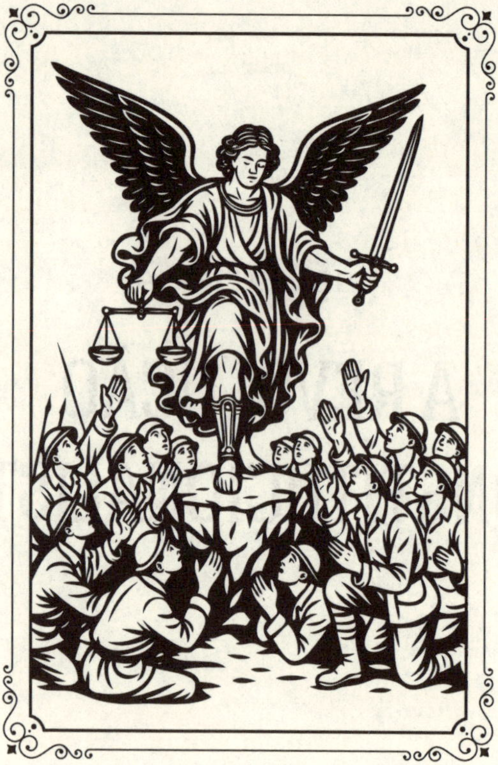

SÃO MIGUEL ARCANJO

Ao falar da aparição de São Miguel Arcanjo em nossa cidade, é impossível não compreender o pano de fundo histórico em que ela se deu. Foi num dos períodos mais conturbados da história recente do Brasil, durante a Revolução Constitucionalista de 1932, que a presença do Arcanjo trouxe paz em meio das batalhas da guerra.

A Revolução teve início no dia 9 de julho de 1932, como resposta ao governo provisório de Getúlio Vargas, instalado em 1930, que dissolvera o Congresso e retirara de São Paulo o protagonismo político que até então exercia. O estopim ocorreu na trágica noite de 23 de maio, com a morte de quatro jovens manifestantes — Martins, Miragaia, Dráusio e Camargo — que dariam origem à famosa sigla MMDC, símbolo da resistência paulista.

A agitação política se espalhou rapidamente, alcançando até mesmo as cidades mais interioranas. São Miguel Arcanjo, ainda pequena e pacata, sentiu os efeitos da mobilização. O povo se dividia: havia os que apoiavam o movimento constitucionalista e outros que temiam as consequências da guerra. O clima era de tensão crescente.

O Livro do Tombo da Paróquia, redigido na época pelo Padre Olegário da Silva Barata, é testemunha fiel do que se vivia aqui: comícios na praça, jovens sendo enviados como voluntários para o *front*, missas pela paz, bênção de medalhas, distribuição da Eucaristia aos combatentes e o medo estampado no rosto dos fiéis.

No dia 22 de julho, vinte e cinco jovens de São Miguel partiram para o *front*. Na Missa de despedida, o

padre abençoou medalhas com as efígies do Sagrado Coração de Jesus e de Nossa Senhora. A cidade, desprotegida, perguntava: *"E agora, quem virá em nosso socorro?"* E o padre, com fé inabalável, respondia: *"São Miguel Arcanjo".*
Enquanto isso, nas linhas de combate, a realidade era brutal. As cidades de Itararé e Buri, próximas de São Miguel Arcanjo, estavam entre os focos principais da luta. Bombardeios, ataques por terra, trincheiras escavadas às pressas, soldados sem treinamento e mães em lágrimas vendo seus filhos embarcarem para o desconhecido.
A batalha de Itararé, travada por tropas do exército federal sob o comando do capitão Dilermando de Assis, foi considerada uma vitória estratégica. Em seus relatos, Dilermando afirma ter feito quarenta e cinco prisioneiros, apreendido metralhadoras, cavalos e munição. Ele afirma também que muitos dos capturados estavam exaustos, famintos e com a moral abatida. Esses prisioneiros foram submetidos a trabalhos forçados. Sedento por reconhecimento, Dilermando colecionava telegramas elogiosos e boletins oficiais que enalteciam seu papel "decisivo" na tomada da cidade.
Mas o que para alguns era glória, para o povo era devastação. A ocupação militar deixava rastros de destruição. O êxodo dos civis era de partir o coração. Os idosos, as mulheres e as crianças fugiam a pé, pelas trilhas, às pressas. As casas abandonadas eram saqueadas. Cortinas rasgadas, pratos quebrados, móveis partidos — tudo que lembrava conforto era alvo da fúria de soldados endurecidos por noites de frio e dias de lama.

De Itararé, os sulistas marcharam em direção a Buri. Ali, nos dias 15 e 16 de agosto, travou-se o que muitos chamaram de "a maior batalha da América do Sul". De um lado, seis mil soldados federais. Do outro, pouco mais de mil paulistas. O tiroteio foi incessante, as bombas caíam como granizo, e o terror tomava conta das estradas, das estações e dos bosques. Aviões de ambos os lados sobrevoavam a cidade. Um deles, confundido com inimigo, foi metralhado pelas próprias tropas.

O tenente Clóvis Gonçalves, getulista, descreveu o cenário em seu livro *Carne para Canhão*: ruas esburacadas, vidraças estilhaçadas, casas comerciais arrombadas, paredes negras de fumaça, famílias desaparecidas. *"A pacata vila de Buri transformou-se em escombros"*, escreveu. *"A população civil toda sumira-se"*.

Mesmo entre as fileiras legalistas havia espanto com o que viam. O próprio major Cordeiro de Farias, comandante do ataque, admitiu que a tomada de Buri foi *"um golpe de sorte"*. Sem mapas, disparou a artilharia no escuro e, por milagre, os tiros acertaram o alvo. Assumiram o controle após dois dias de combate.

E a cada nova vitória das tropas federais, crescia o medo em São Miguel Arcanjo. Após Buri, a cidade seguinte no mapa era Capão Bonito — apenas 63 quilômetros nos separavam da linha de fogo. Os moradores contavam os quilômetros. As orações aumentavam.

PE. MÁRCIO ALMEIDA

O Livro do Tombo registra:

15 de agosto – "Fere-se o combate de Buri", com grande número de mortos e feridos.
Dias seguintes – "Muitas famílias em São Miguel Arcanjo passam a viver em vigília, orando, fazendo promessas, clamando proteção para a cidade e pelos voluntários da terra".

E, em meio a tudo isso, o povo olhava para seu pároco, o Padre Olegário, que afirmava com firmeza: *"São Miguel não permitirá que esta cidade seja destruída"*.
Mas como acreditar? Itararé tinha seu santo. Buri também. E, ainda assim, foram atingidas pela fúria da guerra. Em São Miguel, as pessoas se refugiavam na Igreja. Recitavam terços, faziam novenas, velavam a cidade com as mãos entrelaçadas em oração. Muitos não saíam nem à noite, temendo que, a qualquer momento, os soldados surgissem nos caminhos de terra batida.
As notícias eram de terror, destruição e tristeza. Mas a cidade de São Miguel Arcanjo resistia — e esperava. Esperava por um sinal. Esperava por uma intervenção. Esperava pelo milagre.

E o milagre viria.

Capítulo 5

O MILAGRE DE 1932: A APARIÇÃO DE SÃO MIGUEL ARCANJO

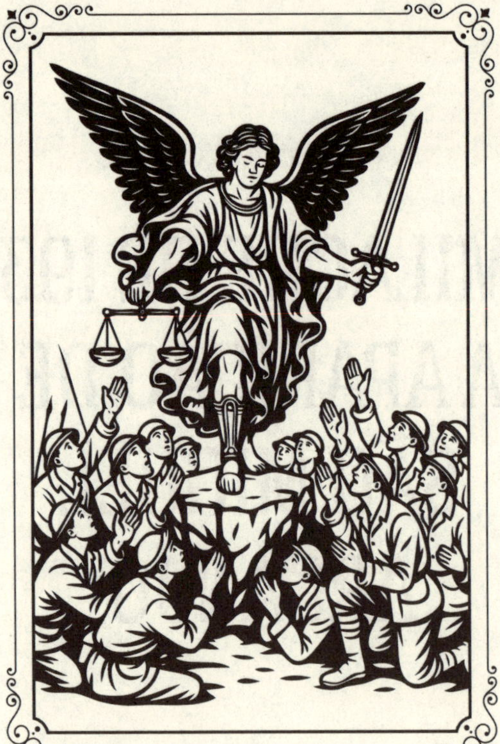

SÃO MIGUEL ARCANJO

Na madrugada do dia 29 de setembro de 1932, à 1 hora da manhã, um documento foi emitido pelas Forças em Operações no Setor Sul, no qual o Tenente Coronel Tenório ordena a suspensão imediata de toda manifestação ofensiva.

Num primeiro momento, parece ser somente um documento militar, mas, para os que creem, ele apresenta um fato muito maior em si.

Pois, naquele tempo, tudo apontava para o avanço das tropas. A cidade de São Miguel Arcanjo seria, segundo os planos militares, mais uma a ser tomada. O capitão Dilermando de Assis havia recebido ordens para marchar. Depois dali, Sorocaba. Em seguida, a capital. A vitória parecia próxima, e a guerra, decidida.

O céu, naquela noite, estava fechado. Nuvens pesadas cobriam as estrelas. Raios cortavam o firmamento, como se antecipassem o que estava por vir. O barulho dos canhões sendo posicionados era um prelúdio de destruição.

No acampamento, o cansaço marcava o rosto dos soldados. O capitão observava, à distância, as luzes da cidade. A expectativa era clara: nas próximas horas, São Miguel Arcanjo cairia.

Mas, então, algo aconteceu. Algo que não estava nos planos dos generais.

Na zona rural da cidade, os dois exércitos — sulista e paulista — estavam posicionados. O clima era tenso. A qualquer momento, o confronto poderia começar. Mas, justamente na madrugada do dia 29 de setembro de 1932, festa litúrgica de São Miguel Arcanjo, um acontecimento interrompeu o curso da guerra.

Um estrondo diferente de tudo o que já se ouvira rasgou o silêncio. Não era bomba, nem trovão. Em seguida, uma luz intensa iluminou o céu e a terra. Uma claridade sobrenatural envolveu os campos e os homens. Todos pararam.

No meio daquela luz, surgiu uma figura. Um homem, de estatura imponente. Sua presença não inspirava medo, mas autoridade. Sua voz, firme e serena, foi ouvida por todos: "A guerra acabou".

Ninguém se moveu. Nenhum tiro foi disparado. Os cavalos permaneceram quietos. Os canhões, calados. Era como se uma força invisível tivesse imobilizado os dois lados. A ordem vinda do Céu fora obedecida sem questionamentos.

Na manhã seguinte, as tropas paulistas desmobilizaram o acampamento e seguiram rumo à capital. Nenhuma batalha aconteceu ali. Nenhum sangue foi derramado naquele chão. A cidade foi poupada.

Passados alguns dias, o capitão Dilermando, com seu exército sulista, entrou em São Miguel Arcanjo. Caminhou até a Igreja e pediu que fosse aberta. Queria rezar. Ao adentrar o templo, dirigiu-se ao altar e olhou fixamente para a imagem de São Miguel Arcanjo. Seu rosto empalideceu.

"Foi ele... foi esse o homem que eu vi! Foi ele quem apareceu na clareira! Foi ele quem disse que a guerra havia acabado!"

As palavras do capitão silenciaram os presentes. Ele se ajoelhou. Não diante de um inimigo, mas diante do Arcanjo. Reconheceu a presença divina naquele acontecimento. Reconheceu que algo maior havia interferido.

Desde então, aquela madrugada entrou para a memória da cidade. O que não consta nos livros oficiais foi preservado pela fé do povo: a certeza de que São Miguel interveio. A guerra terminou ali, não por ordens humanas, mas por decisão do Céu.

O Arcanjo, que um dia silenciou canhões, continua hoje a tocar corações. E tudo começou naquele dia... 29 de setembro de 1932. Dia em que São Miguel desceu à terra.

Dia em que o Céu se fez presente no meio da guerra.

É certo que uma aparição de qualquer santo não pode ser comprovada cientificamente, pois, como já dissemos, é um dado da fé.

Em todas elas existem indícios, fatos, histórias, mas, principalmente, as experiências de fé que vão acompanhando a vida das pessoas em torno do fato específico.

Particularmente, ao tomar conhecimento dessa história, no ano de 2010, me dei conta que estava diante de um sinal... independente da forma como o relato foi passado ao longo da história, vejo como um grande sinal de São Miguel Arcanjo e de sua proteção. Afinal, na cidade dedicada a ele, no dia dedicado a ele, houve um armistício, houve um cessar fogo — e essa cidade foi preservada de tanta morte e destruição, como aconteceu nas cidades anteriores.

O milagre nem sempre é comprovado ou autenticado.

O milagre também é marcado pelo imaginário das pessoas que escutaram o fato.

Mas o fato dessa história ter se mantido no coração deste povo são-miguelense por tanto tempo, a fé que esse povo traz em seu padroeiro, para mim, servem de sinal de que esse fato aconteceu. A nós, diante do mistério, cabe o respeito e a contemplação.

Capítulo 6

TESTEMUNHAS DO CÉU: RELATOS E MEMÓRIAS DA APARIÇÃO

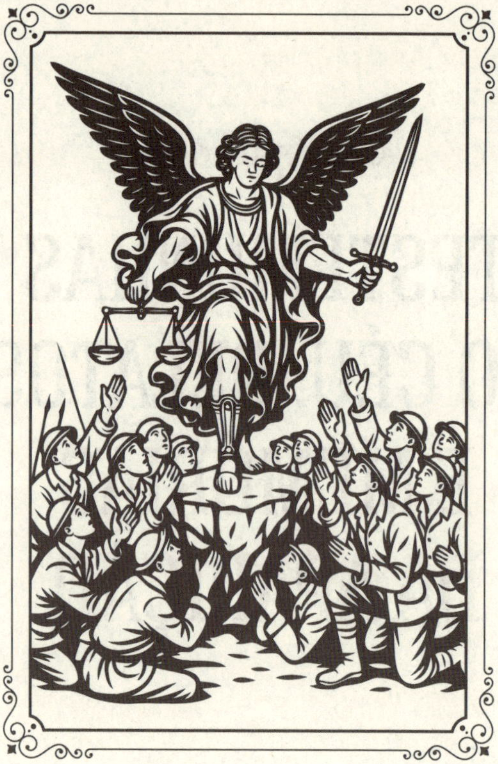

SÃO MIGUEL ARCANJO

Assim como na Bíblia, as histórias contadas antecederam as histórias escritas. Por isso, decidi conversar com algumas pessoas do passado para tentar escrever o que os corações dos antigos já haviam contado em histórias.

Lembrei imediatamente do diácono José Antônio de Góes, pois ele é um grande propagador dessa memória. Quando eu cheguei na cidade, em 2010, logo que teve oportunidade, me contou a história, da mesma forma que está descrita abaixo, em recente entrevista feita com ele.

"O que eu vou relatar aqui são conversas que a gente ouviu quando era criança, de que vinham conversar com meu pai, Leôncio de Góes. Ele morava em Sorocaba, em 1932, com um parente dele. E quando soube que as tropas federais sulistas estavam já em Capão Bonito, ele resolveu vir para pegar sua esposa e filha, pra levar ao sítio de seu pai.
A cidade estava ficando já desguarnecida de pessoas. Já estava todo mundo correndo para os sítios, fazendas, todo mundo se escondendo.
Quando meu pai chegou em Pilar do Sul, foi recrutado, com seu caminhão, para fazer transporte de soldado.
Meu pai ficou com muito medo. Assustado, ele deixou o caminhão e pegou um cavalo lá no batalhão dos soldados, fugindo em direção a São Miguel Arcanjo.
Quando meu pai chegou aqui, percebeu que a cidade estava desguarnecida, com poucos habitantes. Na casa paroquial, que havia virado quartel-general, estava o padre Olegário Barata.

Meu pai foi à casa e não encontrou a minha mãe, porque meu avô já a tinha levado. Assim, meu pai foi também para o sítio.

Passados quatro dias, meu pai veio à cidade para ver como é que ficou a casa dele, depois da notícia do armistício da revolução. Pelo rádio correu a notícia que acabou a guerra.

Meu pai veio pra ver como eles deixaram a casa, porque o quintal também virou um quartel-general de soldados. Eles entravam com cavalos. Minha mãe contava que na casa tinha soldado ferido, que eles traziam do front e, no quintal, faziam curativo.

Minha irmã, Inês, a primeira filha do meu pai, tinha quatro anos de idade nessa época. Ela ficava só, no meio dos soldados, que a carregavam no colo, demonstrando saudade da família.

E quando meu pai veio pra olhar a casa como ficou, se estava destruída, os soldados, que já tinham se retirado, como diz no livro aqui escrito pelo capitão Dilermando, os paulistas já tinham se retirado para Itapetininga. A cidade já estava com aquele ar de cidade abandonada. Somente o padre estava aqui.

Estando na casa, meu pai escutou o barulho de pés no chão. Mas não era um barulhinho de duas pessoas, era uma multidão.

Ele ficou meio assustado, abriu a janela do quarto e olhou pra cima. Vinham descendo os soldados sulistas, do Paraná, de Santa Catarina, do Rio Grande do Sul. O pelotão 'pé no chão'.

Meu pai disse que os soldados pediram para o padre Olegário Barata abrir a Igreja para eles rezarem.

SÃO MIGUEL ARCANJO

Eles entram na pequena Igreja.
Quando o Dilermando de Assis se deparou com a imagem de São Miguel ficou meio assustado, atônito, juntamente com os outros soldados.
Era ele que havia anunciado o fim da guerra!
Quando ele foi embora, deixou o espadim dele em cima do altar e pediu ao padre para levar o estandarte de São Miguel Arcanjo.
Fizeram uma troca de presentes.
O padre, preocupado com a repercussão do fato, disse a meu pai: Leôncio, pega esse espadim e guarda com você.
Meu pai pegou o espadim, levou, guardou na sua garagem, onde guardava o caminhão. Mas infelizmente, o espadim foi roubado".

Outra pessoa importante nessa memória é o Sr. João Silvério. Ele era um dos fundadores do bairro, um dos mais velhos.
Na época da revolução, ele tinha 14 anos. Seu pai era o inspetor do quarteirão e ia com frequência na trincheira de combate. Às vezes, o seu João Silvério ia com ele para ver os soldados ou, como apelidaram na época, a soldadesca.
Em 2014, por ocasião da festa de São Miguel Arcanjo de nosso Santuário, a TV Itapetininga realizou uma série de episódios apresentando a devoção. Entre os episódios está uma entrevista com o Sr. João que, na época, tinha 96 anos. No dia em que esse programa foi ao ar, o Sr. João faleceu. Parece até que ele dizia nas entrelinhas: missão cumprida... a história foi documentada.

Após a revolução, muitas histórias começaram a ser contadas... o pai do seu João Silvério costumava juntar os filhos e parentes para contar os "causos". Sobre a aparição de São Miguel Arcanjo, ele dizia o seguinte:

"Na madrugada do dia 29 de setembro, cerca de uma hora da manhã, na trincheira do lado da cidade de São Miguel Arcanjo, os gaúchos viram um grande clarão, que subia até o céu.
Nesse clarão apareceu a silhueta de um homem muito grande. Um homem aparecia do lado de cá, quando o clarão estava aqui. Quando o clarão passava para o lado de lá, o homem estava no lado de lá.
Esse homem tinha como que um livro muito grande na mão".

Sabemos que na devoção a São Miguel Arcanjo, ele traz em suas mãos um instrumento de defesa, seja a espada, a lança ou o escudo — que teria certa semelhança com o suposto livro.

Esse homem, segundo os relatos, anunciou o fim da guerra.

É de nosso conhecimento, através da história, que oficialmente a Revolução Constitucionalista finalizou no dia 2 de outubro. No entanto, existe um memorandum das "Forças em Operações no Setor Sul", assinado pelo Tenente Coronel Tenório, no dia 29 de setembro de 1932, que diz o seguinte:

"De ordem do Estado Maior do exército, ordem transmitida pelo Q.G. do Sector Sul, toda manifestação ofensiva

deve ser suspensa imediatamente, as tropas devem se limitar à defesa e vigilância do Sector."

Por mais que a história diga que acabou no dia 2 de outubro, no coração do povo são-miguelense existe a certeza de que no dia 29 de setembro de 1932, o próprio Arcanjo Miguel, defensor do povo de Deus, olhou por esse povo e anunciou a paz!

Para aprofundar nosso conhecimento do assunto, também conversei com o filho de João Silvério, o senhor Daniel de Paula. Ele contou o seguinte:

"Meu avô era inspetor de quarteirão na época. Meu pai vivia junto com o pai dele no meio da soldadesca.
Diz que onde tinha a trincheira, pra cá, pra lá, diz que vinha de lá uma imagem, diz que segurando um livro, ele falava. Ele não presenciou isso, mas os soldados falavam. Vinha do lado de cá aquele homem andando no meio de onde estava a guerra e daí ele vinha, o santo vinha, vinha o homem, e quem estava ali não via, mas do outro lado enxergava aquele homem andando no meio.
Nesse momento, ninguém sabia que era São Miguel. Depois foi um tenente lá que falou que aquele homem que estava andando no meio da soldadesca era São Miguel Arcanjo".

Fui conversar também com a Dona Teresa de Jesus Lopes, moradora de São Miguel Arcanjo, que tinha quatro anos quando estourou a revolução.

Ela se lembra de como era a cidade na época:

"A cidade era muito pequena naquele tempo. Tinha poucas casas. Quando aconteceu a revolução eu saí da cidade. Tinha um amigo do meu pai que tinha uma chácara e meu pai levou todo mundo pra lá. Ficamos até terminar tudo. Quando voltamos pra casa, as casas que estavam fechadas eles entraram, invadiram, bagunçaram, sabe, e o que interessava a eles, eles levaram.
Depois eu cresci, comecei a trabalhar, eu trabalhava na casa de um farmacêutico que morava onde é o Bradesco agora. E ele contava o que tinha acontecido na guerra. Entraram na casa dele, reviraram inteirinha a casa dele, foram à cozinha – naquele tempo não tinha fogão a gás, só a lenha. Daí eles entraram, rebentaram tudo e deixaram um pente de bala, ele contava isso. O que puderam levar, levaram.
Depois que eu casei, minha sogra contava que eles (os soldados) eram gente boa, não faziam mal pra ninguém. Eles só entravam nas casas que estavam fechadas, bagunçavam, roubavam...
Eles chegaram na casa da minha sogra... chegavam com educação, pediam comida, tomavam café, tudo, agradeciam e saíam. Na casa da minha sogra fizeram isso. As casas que estavam fechadas eles aproveitavam; mas as casas que tinham gente eles tinham educação. Respeitavam, tudo. Antes de eles irem embora, minha mãe contava... tinha aquele cruzeiro, naquele tempo era tudo campo, não tinha casa e lá no cruzeiro as famílias iam lá, domingo, fazer orações e aí esse dia que eles iam embora eles queriam bombardear a cidade. Mas quando eles estavam para bombardear, apareceu o São Miguel Arcanjo na frente deles. E eles caíram tudo. Depois que eles levantaram e

SÃO MIGUEL ARCANJO

viram São Miguel Arcanjo desistiram de bombardear a cidade. Era isso que os mais velhos contavam pra gente".

O poeta são-miguelense Maurilio de Jesus Ferreira, retratou o episódio no poema "O Milagre de 32", em forma de cordel, tradição dos sertões nordestinos e paulistas.

*"Vou contar uma história
que se passou em nossa cidade,
este fato ocorrido,
do verdadeiro milagre*

*Vejam só como é a guerra
e os danos que ela faz,
na revolução de 32,
contam os pais de meus pais*

*Os soldados vinham atacando
por toda a redondeza,
soprava o vento,
uma garoa de tristeza*

*Avistaram uma cidadezinha,
os paulistas estão escondidos,
gaúchos em trincheiras,
para atacar seus inimigos.*

*O comandante ordenou a seu pelotão
jogar a bomba e destruir este povoado,
em sentido de ataque,
com os dedos engatilhados*

PE. MÁRCIO ALMEIDA

De repente, um estrondo riscou o céu
surgiu um cavalheiro vestido de soldado,
o pelotão se desfez,
sem saber o que havia se passado

Quando entraram na cidade,
o povo gravou na memória
a vinda dos combatentes
que o anjo fez história

Na capela, a hora do reconhecimento,
toda a tropa deu testemunho,
no altar o cavalheiro,
São Miguel Arcanjo, de espada em punho"

Capítulo 7

O MARCO DA APARIÇÃO E AS PEREGRINAÇÕES

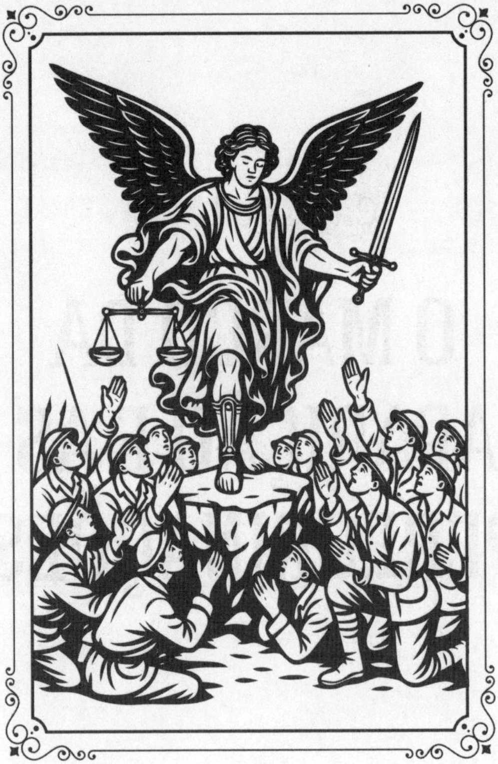

SÃO MIGUEL ARCANJO

Por muitos anos, o local da aparição de São Miguel Arcanjo, em meio aos campos do bairro rural do Turvo da Lagoa, permaneceu no anonimato. Mas a história seguia viva no coração do povo.

O lugar onde se encontrava a trincheira de combate era conhecido e, durante muito tempo, tornou-se ponto de busca por artefatos de guerra. Colecionadores e curiosos visitavam a região em busca de vestígios da revolução.

Com o fortalecimento da Basílica Santuário de São Miguel Arcanjo como lugar de peregrinação, e por ocasião dos 90 anos da Revolução Constitucionalista — marco que me motivou a escrever a primeira edição deste livro — pedi a um funcionário muito próximo, meu braço direito e homem de visão, o Sr. André Brisola, que investigasse a área e identificasse o exato local da aparição, bem como quem seria o proprietário atual.

Depois de uma pesquisa cuidadosa e várias conversas com os moradores da região, André chegou ao local: um sítio pertencente ao Sr. João Rodrigues de Oliveira, e deixado como herança, já em vida, ao seu filho, o Sr. José Carlos de Oliveira.

André dialogou com a família, formada pelo casal José Carlos e Rosana Aparecida, e pelo filho Jeanf Karlos. Ressaltou a importância do local para a história do município e para a devoção a São Miguel Arcanjo.

A família, por sua vez, partilhou relatos emocionantes. Contaram como aquele lugar sempre transmitiu uma paz singular às pessoas que por ali passavam. Apesar das muitas pedras que dificultavam o cultivo da terra, diziam sentir-se felizes por viverem em meio àquela natureza exuberante.

Católicos e conscientes do valor espiritual do lugar, decidiram doar à Paróquia uma área de 1.500 metros quadrados. Um pequeno — mas fundamental — pedaço de terra, tendo como centro uma grande pedra que se destaca na paisagem, em contraste com a terra fértil ao redor.

Ao anunciarmos a doação e reconhecermos o espaço como o "marco da aparição", algo extraordinário aconteceu. O lugar passou a ser procurado por peregrinos. Famílias, grupos e aventureiros começaram a chegar — de bicicleta, a pé, de carro e de ônibus. Vieram para rezar, para agradecer, para suplicar. Graças têm sido alcançadas. Promessas feitas. Um novo capítulo da fé começou a ser escrito.

No dia 8 de maio de 2025, memória da aparição de São Miguel Arcanjo no Monte Gargano, na Itália, decidimos celebrar a primeira Missa naquele solo. Era uma quarta-feira, às nove horas da manhã. Perguntávamos entre nós: *"Será que alguém virá? Como organizaremos a distribuição da Eucaristia? Quantos pontos precisaremos?"* Não tínhamos respostas.

Foi então que eu disse: Vamos nos prepara para receber mil e rezar com quantas pessoas estiverem lá, mesmo que sejam dez pessoas!

E, para nossa surpresa, mais de mil pessoas compareceram. Vieram de trinta cidades, de quatro Estados do Brasil. Do Estado de São Paulo, além de São Miguel Arcanjo, recebemos devotos de: Araçoiaba da Serra, Boituva, Buri, Capão Bonito, Capela do Alto, Cotia, Guareí, Itapetininga, Itaquaquecetuba, Jacupiranga, Jundiaí, Mococa, Monte Alegre do Sul, Osasco,

SÃO MIGUEL ARCANJO

Ourinhos, Pilar do Sul, Pinhalzinho, Registro, Santa Bárbara d'Oeste, Santa Cruz do Rio Pardo, Santo André, São Bernardo do Campo, São José dos Campos, São Paulo, Sorocaba e Votorantim. E de outros Estados estavam presentes fiéis vindos de Belém (PA), Carbonita (MG) e São José (SC).

Foi uma manhã incrível! Um dia que caiu no meio da semana... e, de repente, uma multidão... um exército de devotos de São Miguel Arcanjo se uniu para rezar no local onde ele se manifestou, apareceu e cessou a guerra.

Muitas pessoas do cenário católico já visitaram o Marco da Aparição. Gostaria de ressaltar alguns:

Pe. Duarte Lara é devoto de São Miguel desde sua adolescência, sobretudo devido a umas aparições de Nossa Senhora a dois jovens da Venezuela, aos quais também São Miguel aparecia. Nessas aparições, o Céu pede que nestes tempos seja rezada a Coroa de São Miguel Arcanjo, devoção que ele começou a rezar diariamente desde então, embora houvesse alguns anos em que suspendesse esse seu propósito. Também faz parte de suas orações diárias, a famosa oração de São Miguel composta pelo Papa Leão XIII. Mais recentemente fez a consagração a São Miguel com a ajuda do Instituto Hesed. No ano de 2023, por ocasião de sua visita ao Brasil, teve a oportunidade de passar em nossa cidade e visitar o local da aparição de São Miguel, que havia sido doado recentemente. Disse ele: *"Vivi essa experiência como um presente da Providência, um mimo do Céu, em que senti confirmada a minha devoção a São Miguel. Eu não sabia da aparição de São Miguel no Brasil. Fiquei* muito feliz por poder conhecer e rezar no local da aparição, ainda tão intacto e preservado da intervenção humana. Também foi uma honra para mim poder ajudar a tornar mais conhecido no Brasil e no mundo este lugar de graça, bem como o grande santuário que se está a construir".

Frei Wilter Malveira, OFMCap, grande devoto de São Miguel Arcanjo, inclusive com música de sua autoria, esteve conosco no dia votivo de 29 de outubro de 2024. Após sua visita ao local da Aparição, testemunhou: *"Eu como filho de São Francisco de Assis e afilhado de São Padre Pio, sou um profundo devoto de São Miguel Arcanjo que eu gosto de chamar carinhosamente de 'Arcanjo da Verdade'. Quando estive pela primeira vez em São Miguel, a convite do Padre Marcio para presidir a Missa votiva em honra a São Miguel, fiquei profundamente impactado e interiormente feliz ao saber deste fato histórico da aparição de São Miguel Arcanjo aqui no Brasil. Pois já estive em alguns Santuários Europeus aonde São Miguel já apareceu. E é sempre muito maravilhoso evidenciar o cuidado e a proteção do Arcanjo ao povo de Deus diante das forças do Mal. Ao ir ao lugar específico da aparição me senti envolvido por uma força inexplicável. Além da beleza da natureza, a atmosfera e clima de espiritualidade é o que se evidencia. É uma sensação de harmonia e perfeita sintonia entre o Céu e a Terra. Ao conhecer a história e poder por alguns minutos rezar naquele solo santo o que me vinha ao coração era um sentimento de gratidão e eu disse interiormente ao Glorioso Arcanjo: 'Meu amado São Miguel, obrigado por ter vindo aqui estabelecer a Paz'. Que essa Paz do Cristo Ressuscitado esteja sempre nos nossos corações".*

SÃO MIGUEL ARCANJO

Frei Josué, OFM Conv., sacerdote e cofundador da Comunidade Doce Mel de Deus, grande pregador e missionário, esteve aqui em São Miguel Arcanjo no dia 7 de Janeiro de 2025. O primeiro compromisso dele aqui em nossa cidade foi conhecer o Marco da Aparição. Ele me dizia no trajeto que havia sentido no coração que esse ano de 2025 era um ano dedicado a São Miguel Arcanjo, por isso ele peregrinou até nossa cidade para fazer essa experiência. Foi uma manhã abençoada. O Frei Josué me partilhou o seguinte sobre sua experiência no Marco da Aparição: *"Nós estamos vivendo o tempo de São Miguel. Ele está combatendo em nosso favor. E a quaresma desse ano será muito profética, um tempo de muitas graças. Eu senti uma emoção muito grande quando estive no local da aparição. Uma profunda paz. Sendo lá esse lugar privilegiado onde ele manifestou a paz!"*

Simone Marquetto sempre foi muito devota de São Miguel Arcanjo. Quando prefeita de Itapetininga, fez várias vezes a peregrinação a pé para a Festa do Arcanjo, aqui em nossa cidade. Em 2021, fui visitá-la no Gabinete da Prefeitura de Itapetininga, para apresentar a campanha dos vitrais da Basílica. Partilhamos muito sobre a devoção a São Miguel Arcanjo e tive a oportunidade de apresentar também o projeto da Gruta do Arcanjo. Desde então, tivemos muitos momentos de partilha, de orações e de construção de caminhos de evangelização. Sempre muito presente na vida da Basílica de São Miguel Arcanjo, tinha um sonho de conhecer o local da aparição. Até que, no dia 9 de Janeiro de 2025, conseguimos fazer essa experiência. Ela nos partilhou: *"A emoção de estar no* *local da aparição de São Miguel Arcanjo é enorme. Tive a sensação de entrar em uma terra de muita proteção e paz. Como se nada de mal ali fosse permitido acontecer. Muito místico! É maravilhoso".*

Irmã Maria Raquel, consagrada do Instituto Hesed e missionária, esteve em nossa cidade em 30 de junho de 2025 e deixou seu testemunho sobre a visita ao Marco da Aparição. *"Quando estive no Marco da Aparição, vivi esse momento com profunda fé e gratidão a Deus. Antes, para visitar um local de aparição de São Miguel, era preciso cruzar o oceano, ir até o Monte Gargano, na Itália, ou ao Monte Saint-Michel, na França... e agora essa graça pode ser experimentada aqui, no Brasil. Saber que o Arcanjo visitou esta terra de Santa Cruz encheu meu coração de louvor a Deus, que nos envia os santos anjos para combater conosco e, em momentos decisivos da história, se manifesta de modo tão palpável. Lembro do relato do comandante que reconheceu em São Miguel o mensageiro da paz... isso fortalece a nossa fé, renova a confiança e enche de esperança. Para mim, a experiência no Marco da Aparição se resume em duas palavras: gratidão e esperança — frutos da certeza de que Deus deseja para nós a verdadeira paz, que nasce da união com Ele".*

Capítulo 8

A BASÍLICA DE SÃO MIGUEL ARCANJO: SANTUÁRIO DO SANTO GUERREIRO

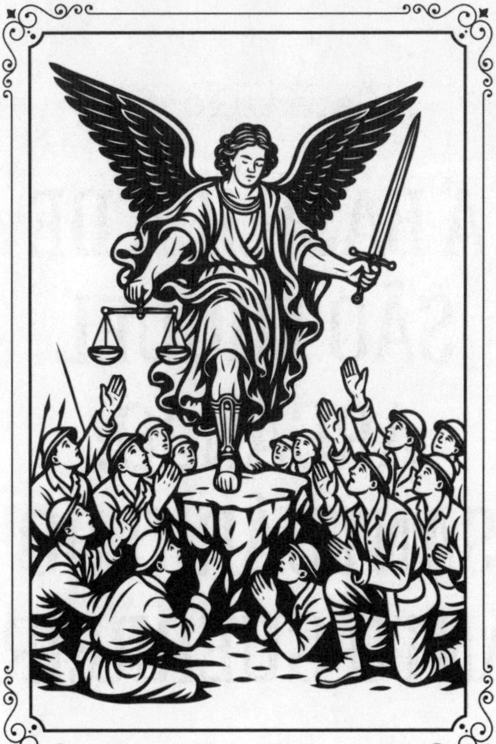

Graças à devoção, ao trabalho persistente e à determinação do povo de São Miguel Arcanjo, aquela pequena e humilde igreja onde o capitão Dilermando reconheceu o vitorioso da guerra de 1932 e depositou sua espada — simbolizando que o Bem tinha vencido o Mal —, é, hoje, uma imponente Basílica.

Vale a pena relembrar como isso ocorreu.

O primeiro grande salto deu-se em 2013, quando ela se transformou em Santuário Diocesano. Era uma promessa antiga, pois, ao ser inaugurada em 1970, já recebeu porte de Santuário, mas não o título.

A Missa de instalação do Santuário de São Miguel Arcanjo aconteceu em 21 de setembro de 2013, dia em que a Igreja foi dedicada ao Senhor. E, a partir de então, a procura passou a ser constante. Além dos devotos da cidade e da região, chegaram novos devotos de lugares mais distantes, em busca da proteção do nosso Santo Guerreiro.

Mais adiante, numa conversa com um padre, reitor de uma Basílica, perguntei a ele por que a Igreja dele tinha esse título. Ao responder, citando os requisitos necessários para uma Igreja tornar-se uma Basílica, percebi que o Santuário de São Miguel Arcanjo se encaixava perfeitamente neles.

A cidade merecia uma Basílica. O povo merecia uma Basílica. O Arcanjo Miguel merecia uma Basílica.

E então pusemos as mãos à obra, eu e um grupo de voluntários. Porque o anjo nos ajuda, mas nós temos que fazer acontecer.

Conversamos com nosso então Bispo Diocesano, Dom Gorgônio Alves da Encarnação Neto, que nos deu a autorização e fez o pedido formal ao Vaticano. Preenchemos todos os formulários, fizemos um dossiê com textos e fotos e, em abril de 2018, voamos para a Itália a fim de formalizar o pedido ao Vaticano.

Chegando ao Vaticano, fomos muito bem recebidos e acolhidos por Dom Aurélio García Macías, chefe do escritório da Congregação para o Culto Divino e Disciplina dos Sacramentos. Ele ficou encantado com o dossiê. Afirmou que, de fato, nossa Igreja tinha os requisitos de história e beleza arquitetônica relevantes exigidos mundialmente pelo Vaticano para que uma Igreja se torne uma Basílica.

Otimistas e esperançosos, voltamos para compartilhar as boas notícias, ainda que parciais, aos nossos devotos.

Um mês depois, em 25 de maio de 2018, nossa Igreja Matriz recebeu o título de Basílica Menor de São Miguel Arcanjo. A única no Brasil dedicada a esse Arcanjo. E, atualmente, a única da América Latina.

Assim, hoje somos a Basílica Santuário de São Miguel Arcanjo, visitada por milhares de peregrinos de todo o Brasil e de vários países.

Ser Basílica não é apenas um reconhecimento externo, mas um chamado maior à missão. Tornamo-nos, por graça, referência para tantos que buscam direção espiritual, reconciliação, liturgia e acolhida. Aqui, a Palavra é proclamada, os sacramentos são celebrados com dignidade e o povo é formado no combate espiritual.

Muitos que aqui chegam dizem sentir algo diferente. Uma paz, uma força interior, um chamado à oração. A Basílica tornou-se um lugar onde o Céu e a terra se tocam. Não são poucos os que afirmam: *"Aqui eu me sinto no Céu*". E isso acontece não apenas por causa do templo ou da beleza, mas pela forma sóbria e liturgicamente bem cuidada com que celebramos a Santa Missa. Tudo é voltado para Deus. Tudo conduz ao sagrado. E isso toca profundamente o coração das pessoas.

Aqui também nasceu, por inspiração divina, a proposta da metodologia de *Consagração a São Miguel Arcanjo*. Um itinerário espiritual que tem alcançado milhares de devotos pelo Brasil e fora dele. A consagração tem sido um instrumento de renovação interior, de cura e de fortalecimento na fé. E tudo isso brota deste lugar que Deus escolheu e consagrou ao seu Arcanjo. Mas esse é um tema para o último capítulo!

Aqui, nesta cidade, eu aprendi a ser devoto de São Miguel Arcanjo, a quem me confio diariamente e constantemente. E a quem sou muito grato e me sinto honrado por ter a oportunidade de falar dele para as pessoas.

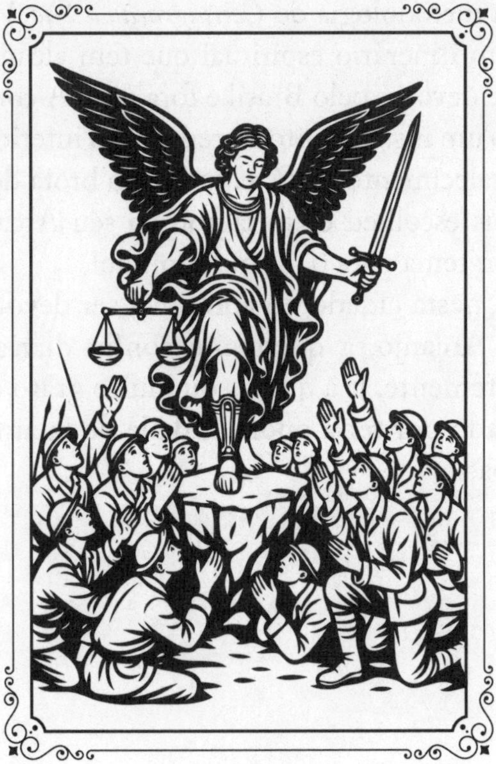

Capítulo 9

A GRUTA DO ARCANJO: UM PROJETO PROFÉTICO PARA OS TEMPOS ATUAIS

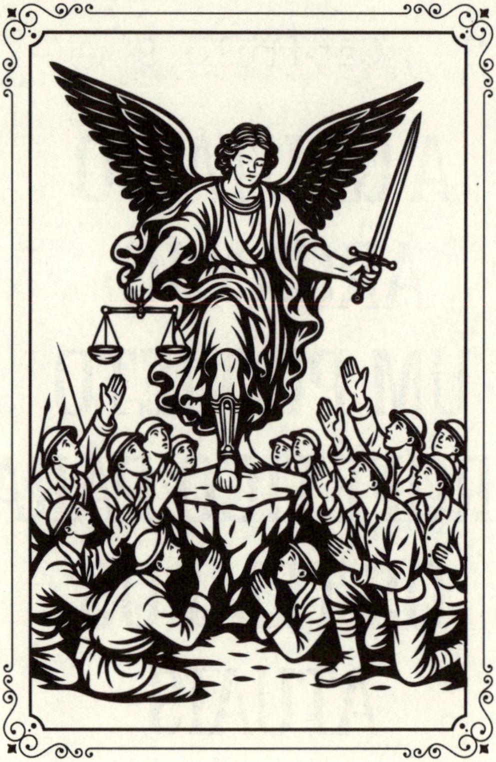

SÃO MIGUEL ARCANJO

Quando a Paróquia São Miguel Arcanjo foi elevada à dignidade de Santuário Diocesano, em 2013, demos início a uma nova etapa da nossa missão pastoral. Não tinha noção do universo e da vocação de uma Igreja Santuário. Nossa Matriz, agora Santuário, tornou-se um polo de fé e devoção, atraindo milhares de peregrinos. Mas logo sentimos que precisávamos ir além. Queríamos oferecer mais que uma Missa bem celebrada. Desejávamos encantar o coração dos visitantes, para que eles ficassem conosco durante todo o dia, sentissem o desejo de voltar e encontrassem aqui não só um templo, mas um espaço de espiritualidade, acolhimento e beleza.

Muitos diálogos, muitos sonhos. E uma inquietação constante: *como tornar essa experiência ainda mais forte e inesquecível?*

Foi em 2019, durante um Encontro Nacional de Reitores de Santuários, que conhecemos o reitor do Santuário de Santa Rita de Cássia, que fica em Santa Cruz, no Rio Grande do Norte, e que havia erguido uma grande estátua em homenagem à santa. Decidimos visitá-los em setembro de 2019. A acolhida foi impressionante. O reitor, o prefeito e toda a equipe nos mostraram que era possível fazer algo grandioso para a evangelização. Saímos de lá tocados. Um sonho havia nascido.

Voltamos com esperança. Começamos a imaginar como seria possível ter, em nossa cidade, um espaço semelhante. Demos os primeiros passos, mas fomos atingidos pela pandemia. Medos, incertezas e dificuldades econômicas paralisaram o projeto. Mesmo assim, a inquietação permanecia. Sentíamos que não podíamos desistir.

Foi nesse tempo que Deus começou a abrir os caminhos. Recebemos uma oferta generosa: uma família, por intenção do falecido marido, decidiu doar um terreno à Paróquia. Era a família Montibeller. Iniciamos o diálogo, alinhamos expectativas e, em pouco tempo, o terreno, de 30 mil metros quadrados, estava oficialmente doado. Um gesto de fé que nos deu novo ânimo. Paralelamente, surgiu também um grande incentivador: Dr. André Murad e sua família — a esposa Cidinha e a filha Thayane. Foi ele quem, com coragem e visão, nos fez acreditar que aquele sonho era possível. O apoio dele nos impulsionou.

Começamos, então, a dar forma ao projeto. A terra doada era muito maior do que imaginávamos inicialmente. Percebemos que ali não caberia apenas uma estátua, mas algo ainda mais completo. Um verdadeiro complexo religioso e cultural. Foi assim que nasceu o projeto da Gruta do Arcanjo.

Reunimos profissionais, fizemos reuniões, rezamos muito e refletimos sobre o que aquele espaço deveria conter. A inspiração veio do Santuário do Monte Gargano, na Itália — local onde São Miguel apareceu quatro vezes, reconhecidas pela Igreja. Por que não trazer para o Brasil uma referência direta a esse lugar tão especial?

Em fevereiro de 2022, em videochamada, apresentamos o projeto ao Pe. Ladislao, reitor do Santuário do Monte Gargano. Ele nos acolheu com entusiasmo e se colocou à disposição para colaborar. Em outubro do mesmo ano, realizamos uma peregrinação ao Monte Gargano. Ali, em uma cerimônia emocionante com a presença do bispo da diocese local, dos dois reitores e

SÃO MIGUEL ARCANJO

dos representantes das prefeituras de São Miguel Arcanjo (SP) e Monte Sant'Angelo (Itália), firmamos um termo de irmandade, o *"Gemellaggio"*. Um vínculo espiritual e eclesial entre os dois Santuários. Algo inédito para uma Igreja do nosso continente.

Mais uma confirmação de que o projeto estava nos planos de Deus.

Em 2023, enfim, demos início às obras.

A Gruta do Arcanjo, ainda em obras, já é um lugar de peregrinação, oração e experiência de fé. O projeto contempla: uma Igreja semelhante à do Monte Gargano, uma estátua de São Miguel Arcanjo com 70 metros de altura (atualmente, a maior estátua católica do mundo), um mirante no peito do Arcanjo, sala dos milagres, museu de arte sacra, velário, confessionários, capela mariana, prédio de apoio ao peregrino, espaço para Missa campal e eventos de massa, auditório, praça de alimentação, área comercial e estacionamento.

Cada detalhe pensado para acolher os filhos de Deus e devotos de São Miguel, que aqui chegarem em busca da intercessão do Santo Guerreiro.

Já realizamos dois eventos no local. Em 29 de março de 2025, celebramos a primeira Santa Missa campal, para a bênção da pedra fundamental. O canteiro de obras ficou pequeno... cerca de 1.300 pessoas se fizeram presentes para esse momento histórico. Na sequência, fomos procurados pelos Freis Carmelitas Mensageiros do Espírito Santo, que viram as postagens da Missa e pensaram em realizar o Congresso Anual deles aqui. Aceitamos com alegria, mas com muito senso de responsabilidade... Foram três meses preparando a estrutura para acolher os 3.000 inscritos para esse dia, que contou com a presença de cerca de 100 Freis, entre eles, o Frei Gilson — grande propagador da devoção a São Miguel Arcanjo. Foi um dia abençoado! Deus cuidou de nós e nos permitiu viver algo único!

Particularmente, esse evento nos fez entender que estávamos num caminho de crescimento — e sem volta! Reacendeu em nós a certeza da missão!

Tenho certeza de que esse projeto é muito mais do que um monumento. Ele é um sinal para os tempos atuais. Num mundo marcado por incertezas, crises espirituais e afastamento de Deus, a imagem do Arcanjo de pé, espada em punho, proclamando "Quem como Deus?", é um grito profético. Um chamado à fé, à coragem e à conversão.

A Gruta do Arcanjo é resposta ao clamor de um povo que ama São Miguel e deseja vê-lo exaltado. É também resposta à sede espiritual de tantos que buscam um lugar onde possam encontrar paz, consolo, força e direção.

Creio firmemente que São Miguel escolheu esta cidade para ser sua morada. Ele acampou aqui. Ele luta por nós. Ele caminha conosco.

E agora, por meio desse projeto, queremos dizer ao mundo inteiro: *há um lugar onde o Céu tocou a terra*. Há um lugar onde o Santo Guerreiro interveio na história. E continua intervindo.

A Gruta do Arcanjo é um projeto profético. Um dom de Deus para esse tempo. E nós somos os instrumentos que Ele escolheu para realizá-lo.

Quem como Deus? Ninguém como Deus!

Capítulo 10

LEVANTAI-VOS, Ó GUERREIROS DE DEUS! A MISSÃO DE SÃO MIGUEL NO TEMPO DO FIM: A GRANDE RECONQUISTA

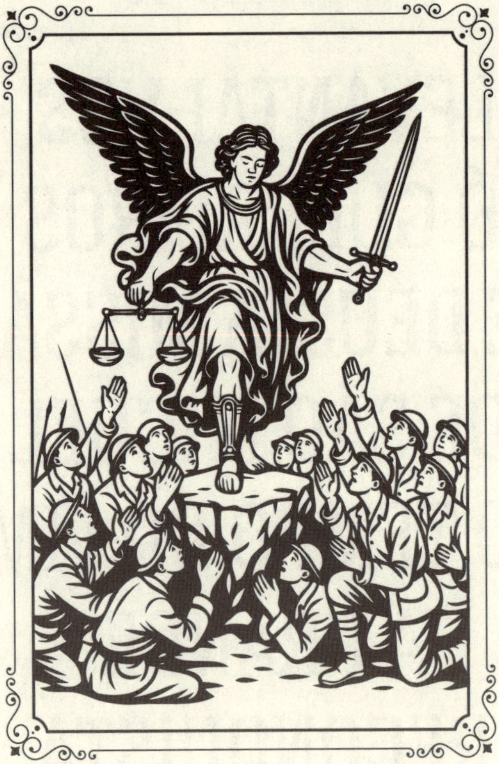

O livro de Daniel é fundamental para entender a devoção a São Miguel Arcanjo e sua missão de defender o povo de Deus.

Quando nos dedicamos a um estudo bíblico mais aprofundado, entendemos que este livro se situa em meados dos anos 160 a.C. Principalmente, os capítulos de 7 a 12 trazem uma riqueza de detalhes da época helenística, em especial o capítulo 11, que narra com pormenores as guerras entre os Ptolomeus e Selêucidas, bem como o reinado de Antíoco IV Epífanes.

O mais importante para nossa reflexão é que Daniel está narrando guerras que assolaram o povo de Deus.

No capítulo 9, Daniel faz uma profunda oração, com jejuns e sacrifícios. Nessa oração, ele reconhece que o povo de Deus se desviou da verdadeira fé, pede perdão em nome deste povo e pede que Deus se manifeste. É um texto fortíssimo, e você pode conferir nos versículos 4 a 19.

Ainda em oração, já no versículo 20, do mesmo capítulo 9, de repente, aparece o Arcanjo Gabriel que lhe traz uma mensagem importante da parte de Deus, que fala de tempos de grandes tribulações.

Nesse contexto, Daniel tem uma visão, narrada no capítulo 10. Os versículos 5 e 6 nos dizem o seguinte: Daniel vê *"um homem vestido de linho e tendo na cintura um cordão de ouro puro. Seu corpo parecia de pedra preciosa, o rosto era um relâmpago, os olhos, lâmpadas acesas, braços e pernas tinham o brilho do bronze polido. Sua voz parecia o grito de uma multidão"* (Dn 10,5-6).

Mais à frente, no versículo 19, do capítulo 10, ele se refere a esse homem como *"meu Senhor"*.

Claramente, nessa visão, Daniel está na presença de Deus. Pois bem, é esse "homem esplendoroso" que fala para Daniel que ele conta com a ajuda de Miguel, um dos primeiros chefes do exército, que o ajudará na guerra.

> *"O Príncipe do reino da Pérsia me resistiu durante vinte e um dias, mas Miguel, um dos primeiros Príncipes, veio em meu auxílio"*
> (Dn 10,13)

> *"Ninguém me presta auxílio para estas coisas senão Miguel, vosso Príncipe"*
> (Dn 10,21)

E, saltando para o capítulo 12, porém ainda dentro da visão, o mesmo homem diz a Daniel que Miguel vai prevalecer, que ele é o grande comandante, e que sempre está prontamente, ou seja, de pé, ao lado do seu povo.

> *"Nesse tempo levantar-se-á Miguel, o grande Príncipe, que se conserva junto dos filhos do teu povo"*
> (Dn 12,1)

Pois bem, meus irmãos, essa visão de Daniel nos faz compreender que Miguel, o Arcanjo Miguel, enviado de Deus, luta a nosso favor nas batalhas que querem nos destruir. E que ele é o chefe do exército do Senhor, o grande comandante.

Especificamente, essas três passagens formam o alicerce bíblico da compreensão cristã sobre São Miguel Arcanjo como defensor do povo de Deus. O termo

"Príncipe", dentro da cultura hebraica, não é usado como sinônimo de "filho do rei", como o entendemos hoje, mas como o comandante do exército, o que vai à frente na batalha e lidera com autoridade e coragem. Miguel é esse Príncipe: aquele que se mantém de pé, em prontidão, ao lado dos filhos de Deus, especialmente nos tempos de tribulação.

A leitura dos capítulos 9 a 12 do livro de Daniel nos revela algo profundamente atual: existem realidades que não mudam apenas com palavras, votos ou decretos humanos. Existem batalhas que só são vencidas com oração, jejum e perseverança. Existem momentos na história em que é preciso que Miguel, o Príncipe da Milícia Celeste, entre em ação.

E nós vivemos hoje um desses momentos.

Em tempos decisivos, quando as trevas parecem ganhar terreno e os corações se esfriam, Deus sempre se manifesta. Ele ergue profetas, suscita movimentos e desperta os fiéis para o combate. É assim desde os tempos antigos. É assim também agora.

Nos últimos anos, cresceu imensamente no Brasil, a devoção a São Miguel Arcanjo. Milhares de pessoas passaram a rezar a Quaresma anualmente, a se confiar à proteção do Príncipe da Milícia Celeste.

Isso não é uma modinha religiosa que estamos vivendo... não mesmo! Trata-se de um levantar de São Miguel Arcanjo para defender o povo de Deus!!!

Nesse ano de 2025, uma nova convocação espiritual vem sendo proclamada: *a Grande Reconquista*. Esse movimento, promovido pelo Instituto Hesed, não é apenas uma proposta de devoção ou uma simples campanha de oração. É um chamado profético à restauração da fé, da identidade e da vocação espiritual do Brasil. Um chamado que brota do coração da Igreja e ecoa como trombeta nos campos de batalha invisíveis. Um movimento que reconhece em São Miguel Arcanjo não apenas um intercessor, mas um comandante celestial para os nossos tempos.

Essa batalha, meus irmãos, é real. Muitas vezes, invisível, mas concreta. Atualmente, já não tão veladas, travada não apenas nas estruturas sociais, mas na alma das famílias, nos corações divididos, nos lares feridos. Os ataques contra a fé, a moral, a pureza e a verdade se multiplicam. A obscuridade moral tenta dominar a cultura. A indiferença tenta sufocar a esperança.

Diante disso, o Instituto Hesed, unido a outros expoentes católicos de profunda devoção Miguelina, como Dom Devair Fonseca (Bispo de Piracicaba), Frei Josué Sousa (Franciscano Conventual), eu (como Reitor da Basílica de São Miguel Arcanjo) e Simone Marquetto (Deputada Federal), entre outros, proclamamos: o tempo da reconquista começou.

Reconquistar não significa impor, mas recuperar espiritualmente aquilo que foi perdido: a centralidade de Deus na vida do povo, a beleza da santidade, o valor da família, o ardor da fé católica. E, para isso, é preciso formar um exército. Não de armas humanas, mas de corações orantes, fiéis, dispostos ao sacrifício e à intercessão.

Mas por que o Brasil?

A resposta está na origem desta terra. O Brasil nasceu de um ato sacramental, um altar. Quando Pedro Álvares Cabral aqui chegou, não fundou uma cidade, nem hasteou uma bandeira. Ele mandou celebrar a Santa Missa. O primeiro ato público do Brasil foi eucarístico. A primeira autoridade a ser saudada foi Jesus Eucarístico. E, desde então, esta terra carrega uma vocação espiritual profunda.

O vínculo dessa convocação com a nossa cidade se dá justamente pelo fato de que aqui, nesta terra, São Miguel Arcanjo interveio em 1932, durante a Revolução Constitucionalista. Os fatos ocorridos em São Miguel Arcanjo (SP) são um sinal profético. No dia 29 de setembro daquele ano, como já mencionamos, um clarão surgiu nas trincheiras. Um homem apareceu, anunciando o fim da guerra. E, no mesmo dia, um documento oficial do exército federal determinava o cessar-fogo. Mais tarde, soldados reconheceram naquela figura, a imagem do Arcanjo Miguel exposta na Igreja da cidade. O Arcanjo interveio. E sua presença foi reconhecida.

Esse episódio, guardado por décadas na memória da fé, agora é retomado como sinal de que São Miguel deseja, mais uma vez, defender o povo brasileiro.

Em 2025, esse movimento ganhou força especial com a peregrinação da imagem de São Miguel trazida do Monte Gargano, na Itália, pelo Instituto Hesed, abençoada no local da mais antiga aparição do Arcanjo. A proposta é de que a imagem visite as cinco regiões do Brasil, sendo recebida com Missas, procissões, adorações ao Santíssimo Sacramento e consagrações das dioceses.

No dia 12 de agosto, essa imagem de São Miguel Arcanjo foi coroada em sessão solene, na Câmara dos

Deputados, em Brasília, recebendo o título de comandante espiritual dessa nação.

Cada etapa, marcada por manifestações de fé pública, desperta a consciência espiritual do povo e reacende a chama da esperança.

A cidade de São Miguel Arcanjo, onde o Arcanjo já interveio milagrosamente em 1932, foi escolhida como o local de encerramento dessa peregrinação.

Na madrugada do dia 29 de setembro de 2025, milhares de fiéis se reuniram para o rosário, seguidos de Missas, louvores e atos solenes. À tarde, no marco da aparição, foi realizada a consagração das famílias do Brasil a São Miguel Arcanjo. E ali, em um campo onde um dia se ouviu o som dos tiros, foi possível ouvir um novo som: o clamor de um povo que reconhece seu defensor, seu comandante.

É o início de uma nova era espiritual. Não apenas para São Miguel Arcanjo (SP), mas para toda a nação. A cidade se torna, assim, o coração simbólico de um Brasil que deseja renascer sob a proteção do Príncipe da Milícia Celeste.

Não é um projeto humano. É um sopro do Espírito Santo. Um chamado à conversão. Um tempo de graça.

A Grande Reconquista é um grito de fé, um levante de oração, uma resposta da Igreja ao clamor do tempo presente. E São Miguel Arcanjo, como em outras épocas, volta a erguer sua espada para nos lembrar que o mal não terá a última palavra.

Ao final deste livro, você encontrará um *QR code* que te levará para um vídeo exclusivo, um pequeno

SÃO MIGUEL ARCANJO

documentário de como foi o dia 29 de setembro de 2025, na cidade de São Miguel Arcanjo (SP).
São Miguel Arcanjo, defendei-nos no combate!

Quem como Deus? Ninguém como Deus.

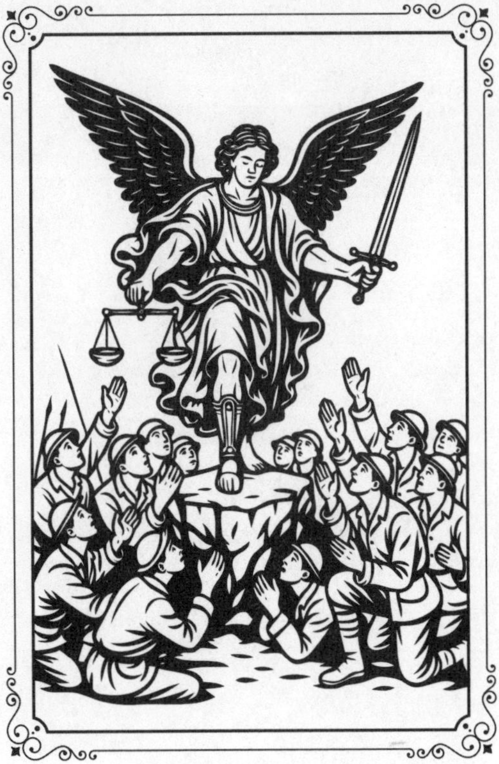

Capítulo 11

COM SÃO MIGUEL, QUEREMOS SER TODO DE DEUS! O CHAMADO À CONSAGRAÇÃO A SÃO MIGUEL ARCANJO

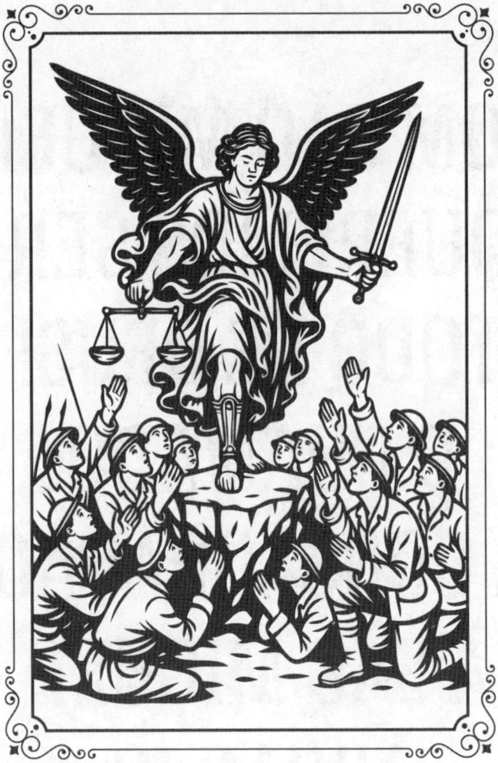

SÃO MIGUEL ARCANJO

No ano de 2023, fui interpelado por muitos devotos de São Miguel Arcanjo que desejavam fazer uma consagração ao Arcanjo e me perguntavam se existia algum tipo de preparação. Na ocasião, eu dizia que existia a fórmula da oração atribuída ao Santuário do Monte Gargano, na Itália, e que poderiam rezá-la com piedade. Mas aquela inquietação permaneceu em meu coração.

Em janeiro de 2024, durante um retiro de cinco dias, tive uma inspiração muito clara: criar uma metodologia de preparação espiritual para a consagração a São Miguel Arcanjo. Um roteiro de 28 dias de oração. Um verdadeiro itinerário.

A consagração a um santo não tem o mesmo peso sacramental do Batismo, mas é uma consequência e um aprofundamento das promessas batismais. Trata-se de um oferecimento pessoal, livre e amoroso, que reconhece naquele santo um auxílio poderoso no cumprimento da vontade de Deus.

Especificamente, consagrar-se ao Arcanjo Miguel é pedir seu auxílio para que possamos ser *"todo de Deus"*. É unir-se ao seu exército e dizer como ele: *"Quem como Deus?"* É permitir que essa pergunta se torne um critério que ilumine cada decisão, cada pensamento e cada passo da vida.

Ao longo da história da Igreja, sempre que alguém se consagrou inteiramente a Deus por meio da mediação de Maria, dos Anjos ou de outros santos, houve fecundidade espiritual. Por isso, a consagração exige um verdadeiro caminho interior. Não começa nem termina com a recitação de uma fórmula. Ela exige tempo, escuta, discernimento, entrega e perseverança.

Foi assim que nasceu o livro *Consagração a São Miguel Arcanjo – Um itinerário para todos os devotos*. Não surgiu por moda, nem por impulso. Foi fruto de uma inspiração. Um chamado claro para orientar espiritualmente os fiéis que desejavam se consagrar ao Príncipe da Milícia Celeste. Essa moção me levou a elaborar um caminho bem estruturado, profundamente enraizado na Tradição da Igreja.

O itinerário de 28 dias está dividido em quatro semanas temáticas:

• Na primeira semana, você será conduzido a rezar sobre sua maior e mais importante consagração: o seu Batismo.

• Na segunda semana, rezará com São Miguel Arcanjo, meditando a partir de trechos da oração de consagração.

• Na terceira semana, será convidado a rezar sobre o caminho da conversão, inspirado nos pedidos da Coroa de São Miguel.

• Na quarta e última semana, a oração será conduzida novamente pela fórmula da consagração, aprofundando os pedidos nela contidos.

O ato solene de consagração é precedido de um exame de consciência e vivido em espírito de oração. A proposta não é apenas recitar palavras piedosas, mas selar uma aliança espiritual. É entrar, com liberdade e coragem, para esse grande exército. É deixar-se conduzir por São Miguel no caminho da santidade.

A consagração a São Miguel não substitui nenhuma outra devoção. Pelo contrário, ela fortalece nossa união com Jesus Cristo e com a Igreja. Aproxima-nos da Eucaristia, da Palavra, da vida de oração e da caridade. Torna-nos mais atentos à realidade da batalha espiritual e mais dispostos a amar até o fim.

É preciso dizer: a consagração não é para os perfeitos, mas para os que desejam lutar. É para os pecadores arrependidos, para os cansados que não desistiram, para os fracos que buscam força no Alto. A consagração é um clamor da alma: *"São Miguel, ajuda-me a fazer a vontade de Deus!"*

Com São Miguel, queremos, de fato, ser *"todo de Deus"*. Não há mais tempo para divisões interiores. O mundo precisa de almas decididas, inteiras e corajosas. A consagração é uma bandeira erguida em meio à batalha, proclamando: *"Aqui está um servo de Deus. Aqui está alguém que escolheu o Céu"*.

E você? Já fez sua consagração a São Miguel Arcanjo? Se não, prepare-se. Se sim, renove-a. Não há tempo a perder. O combate é real. Mas a vitória é certa para os que pertencem ao Senhor. E ao lado de São Miguel, ninguém precisa temer.

São Miguel Arcanjo, defendei-nos no combate!

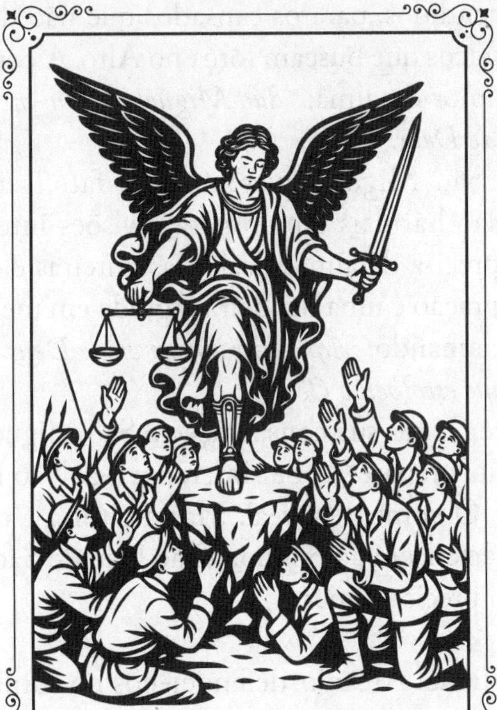

Conclusão

AQUI O CÉU TOCOU A TERRA

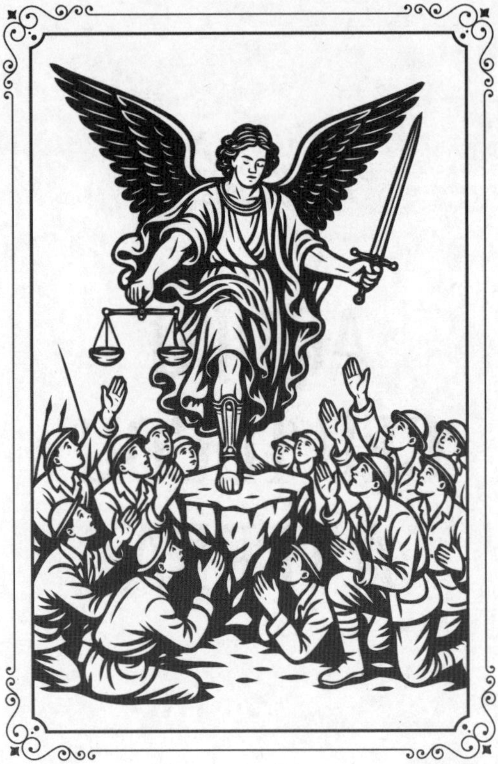

SÃO MIGUEL ARCANJO

Em julho de 2025, na ExpoCatólica, procurei a Maristela, CEO da Angelus Editora, e partilhei com ela sobre meu segundo livro, *São Miguel Arcanjo, o Santo Guerreiro da Revolução de 1932*. Quando ele foi publicado, em 2022, fizemos uma pequena tiragem. Naquela ocasião, eu busquei muito embasamento nos dados históricos da Revolução, trazendo também um pouco de drama na escrita. Meu desejo era somente que os devotos de São Miguel Arcanjo pudessem conhecer esse relato que era tão nosso, povo são-miguelense.

Mas o contexto mudou nesses três anos. Como já relatado, ganhamos o terreno no local da aparição e as pessoas começaram a peregrinar. Personalidades de grande expressão dentro do universo católico visitaram o local e nos passaram suas impressões.

Particularmente, a decisão do Instituto Hesed em finalizar a Quaresma em nossa cidade, convocando o exército de São Miguel Arcanjo para estar no marco da aparição, me fez repensar esse livro. A proclamação da Grande Reconquista e a consagração das dioceses do Brasil a São Miguel Arcanjo, a consagração das Famílias do Brasil a São Miguel Arcanjo, a titulação dele como o Comandante Espiritual desta nação, tudo isso fará com que o lugar da aparição em nossa cidade passe a ser procurado por milhares de fiéis. Aquilo que, por muitos anos, foi guardado com respeito e fé pelos antigos moradores — um clarão, um homem misterioso, um cessar-fogo sobrenatural — hoje brilha aos olhos da Igreja como um sinal do Céu para o nosso tempo.

Quando decidi reescrevê-lo, entendi que realmente não era apenas uma atualização de conteúdo. Precisava trazer à tona os últimos fatos e tudo o que tem acontecido neste solo sagrado, que um dia São Miguel Arcanjo decidiu se manifestar.

Desde 2018, quando nossa Igreja, então Santuário Diocesano, foi elevada à dignidade de Basílica, tenho compreendido com clareza que estar em São Miguel Arcanjo é uma missão pessoal: fazer conhecer e amar São Miguel Arcanjo. Ver o povo de Deus chegar até aqui com fé, com o terço nas mãos e com lágrimas nos olhos, é perceber que os frutos dessa missão são reais — conversão, amor à Igreja e desejo sincero de santidade.

Neste tempo de tantas confusões e enganos, em que o inimigo de Deus age com astúcia para tirar o povo do caminho da verdade, São Miguel se levanta como defensor fiel. Ele, que já venceu o dragão no Céu, continua a nos ajudar nas batalhas da vida. Basta olhar para ele, invocá-lo com confiança e buscar uma vida de intimidade com Deus por meio de sua intercessão. Não há tempo a perder.

Entre todos os capítulos deste livro, alguns me marcaram de modo especial. O capítulo sobre a aparição em nossa cidade é, sem dúvida, o coração da narrativa. Ele revela que o Céu realmente tocou a terra. E o capítulo sobre a missão profética de São Miguel, desde Daniel até os dias atuais, mostra que o Arcanjo continua em ação, lutando não com espadas humanas, mas com a força de Deus. Sim, São Miguel está à frente de um exército espiritual que se forma em nosso país — e somos chamados a fazer parte dele.

Aos devotos de São Miguel Arcanjo, deixo este livro como uma partilha de fé. Que ele ajude você a reconhecer a grandeza do que aconteceu em nossa terra e a responder com fé viva ao chamado que o Arcanjo nos faz. Que o nosso Brasil — e cada um de nós — possa repetir com confiança, em todos os combates da vida:

"*Quem como Deus?*" E com São Miguel, caminhar sempre como peregrinos da esperança.

Viva diariamente essa devoção, e para tanto, como anexo, trago orações importantes para nossa caminhada.

Que Deus o abençoe e que São Miguel Arcanjo o defenda nas batalhas da vida!

Pe. Márcio Almeida

Acesse o QR code acima
e assista ao vídeo exclusivo
que preparei para você!

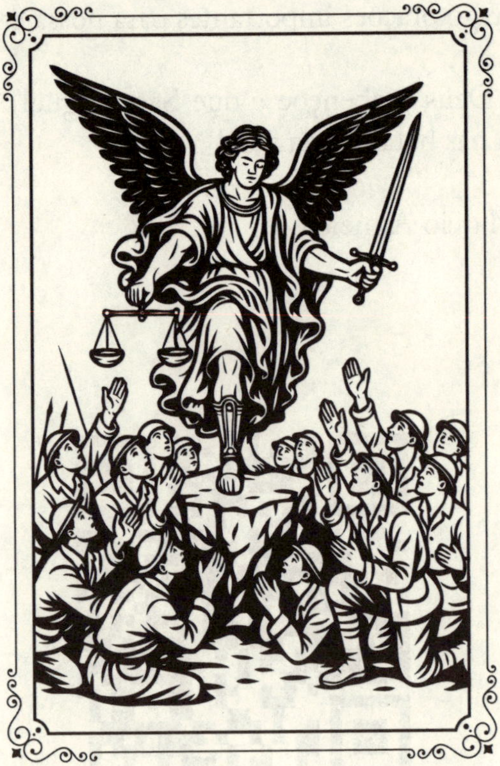

ORAÇÕES DEVOCIONAIS

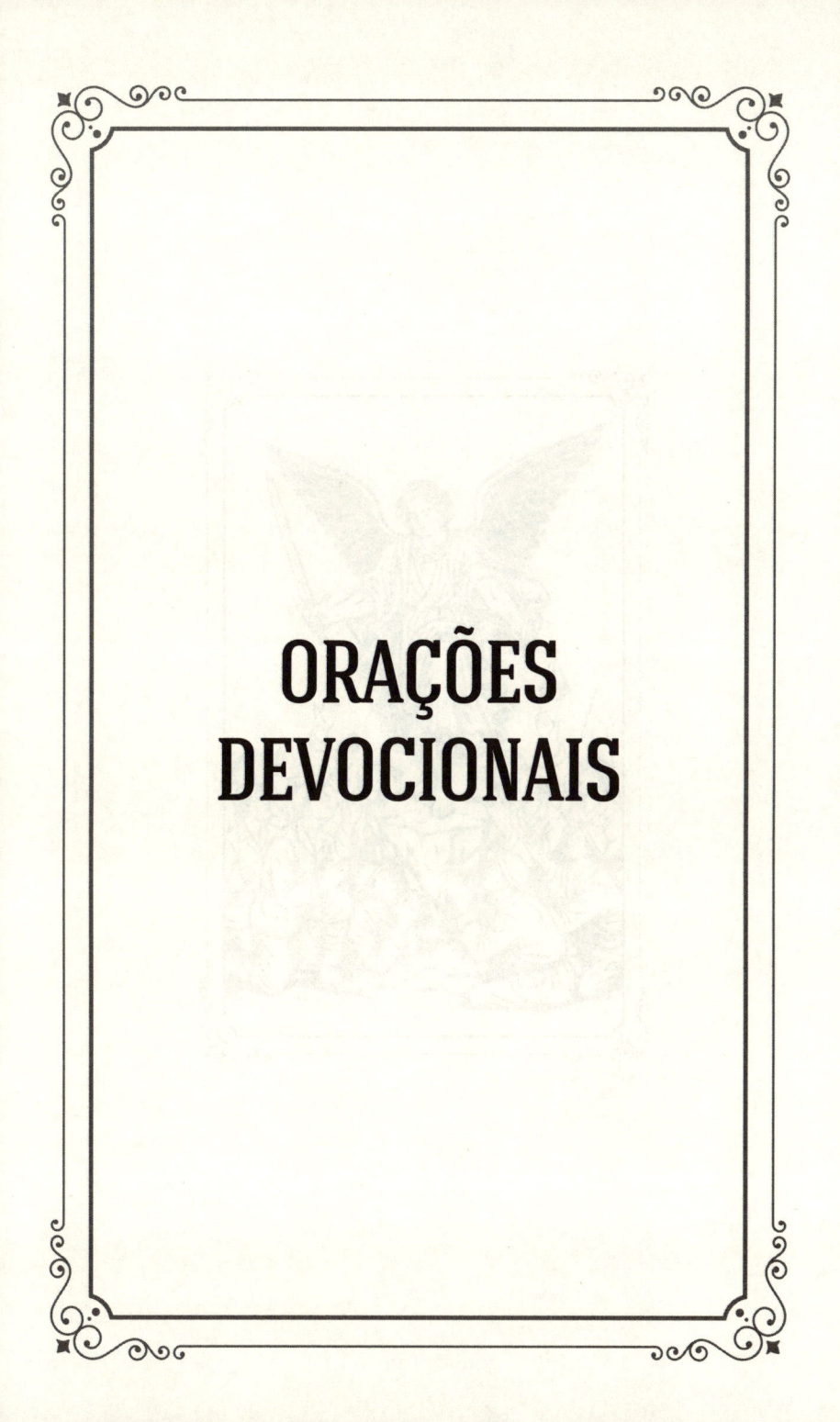

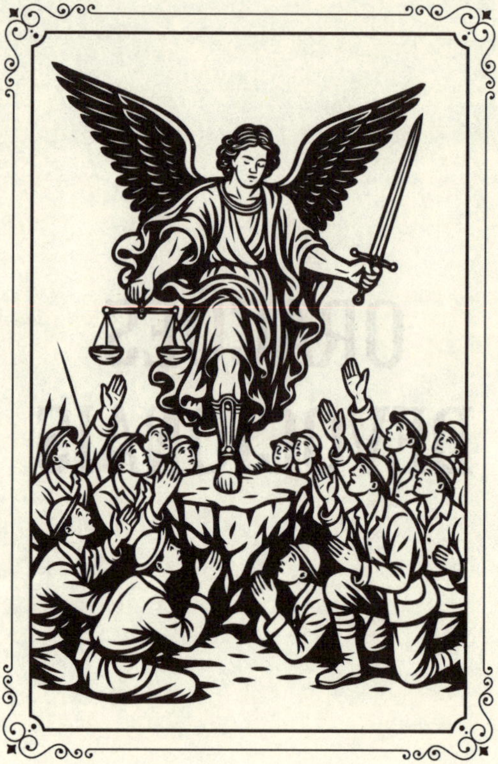

SÃO MIGUEL ARCANJO

PEQUENO EXORCISMO DE SÃO MIGUEL ARCANJO

São Miguel Arcanjo, defendei-nos no combate, sede o nosso refúgio contra as maldades e as ciladas do demônio. Ordene-lhe Deus, instantemente o pedimos, e vós, Príncipe da Milícia Celeste, pelo divino poder, precipitai no inferno a satanás e a todos os espíritos malignos, que andam pelo mundo para perder as almas. Amém.

Sacratíssimo Coração de Jesus, tende piedade de nós! (3x)

ORAÇÃO A SÃO MIGUEL ARCANJO EM FAVOR DOS DOENTES

Glorioso São Miguel Arcanjo, o primeiro entre os Anjos de Deus, guarda e protetor da Igreja. Lembrando de que Nosso Senhor vos confiou a missão de velar pelo seu povo em marcha para a vida eterna, mas rodeado de tantos perigos e ciladas do dragão infernal, eis-nos prostrados aos vossos pés, para implorar confiadamente vosso auxílio, pois não há necessidade alguma em que não vos possais valer. Sabeis das dificuldades que nossos irmãos enfermos sofrem. Intercedei junto de Deus por eles, para que alcancem a recuperação, a saúde e a salvação. Dai-lhes também a paciência e aquilo que sabeis que é mais do agrado de Deus. Amém.

ORAÇÃO A SÃO MIGUEL ARCANJO PELOS FALECIDOS

Ó São Miguel Arcanjo, na vossa missão de pesar na balança da justiça divina aqueles que passam pela experiência da morte, e tendo recebido de Deus a missão de conduzir as almas para o Céu, olhai por todos os nossos falecidos. Pedi a Deus por eles, para que alcancem a felicidade eterna. Que todos os falecidos, tendo passado pela morte, participem do convívio dos santos. Amém.

COROA OU ROSÁRIO DE SÃO MIGUEL ARCANJO

Deus, vinde em nosso auxílio.
Senhor, socorrei-nos e salvai-nos.
Glória ao Pai e ao Filho e ao Espírito Santo.
Como era no princípio agora e sempre. Amém.

Primeira saudação
Saudamos o primeiro coro dos Anjos e pedimos, pela intercessão de São Miguel e do coro celeste dos Serafins, para que o Senhor Jesus nos torne dignos de sermos abrasados de uma perfeita caridade. Amém.

Em honra ao primeiro coro dos anjos rezemos:
Pai-Nosso. Três Ave-Marias. Glória ao Pai.
Jaculatória: São Miguel Arcanjo,
defendei-nos no combate.
Quem como Deus? Ninguém como Deus!

SÃO MIGUEL ARCANJO

Segunda saudação
Saudamos o segundo coro dos Anjos e pedimos, pela intercessão de São Miguel e do coro celeste dos Querubins, para que o Senhor Jesus nos conceda a graça de fugirmos do pecado e procurarmos a perfeição cristã. Amém.

Em honra ao segundo coro dos anjos rezemos:
Pai-Nosso. Três Ave-Marias. Glória ao Pai.
Jaculatória: São Miguel Arcanjo,
defendei-nos no combate.
Quem como Deus? Ninguém como Deus!

Terceira saudação
Saudamos o terceiro coro dos Anjos e pedimos, pela intercessão de São Miguel e do coro celeste dos Tronos, para que Deus derrame em nossos corações o espírito de verdadeira e sincera humildade. Amém.

Em honra ao terceiro coro dos anjos rezemos:
Pai-Nosso. Três Ave-Marias. Glória ao Pai.
Jaculatória: São Miguel Arcanjo,
defendei-nos no combate.
Quem como Deus? Ninguém como Deus!

Quarta saudação
Saudamos o quarto coro dos Anjos e pedimos, pela intercessão de São Miguel e do coro celeste das Dominações, para que o Senhor nos conceda a graça de dominar nossos sentidos, e de nos corrigir das nossas más paixões. Amém.

Em honra ao quarto coro dos anjos rezemos:
Pai-Nosso. Três Ave-Marias. Glória ao Pai.
Jaculatória: São Miguel Arcanjo,
defendei-nos no combate.
Quem como Deus? Ninguém como Deus!

Quinta saudação
Saudamos o quinto coro dos Anjos e pedimos, pela intercessão de São Miguel e do coro celeste das Potestades, para que o Senhor Jesus se digne de proteger nossas almas contra as ciladas e as tentações de Satanás e dos demônios. Amém.

Em honra ao quinto coro dos anjos rezemos:
Pai-Nosso. Três Ave-Marias. Glória ao Pai.
Jaculatória: São Miguel Arcanjo,
defendei-nos no combate.
Quem como Deus? Ninguém como Deus!

Sexta saudação
Saudamos o sexto coro dos Anjos e pedimos, pela intercessão de São Miguel e do coro admirável das Virtudes, para que o Senhor não nos deixe cair em tentação, mas que nos livre de todo o mal. Amém.

Em honra ao sexto coro dos anjos rezemos:
Pai-Nosso. Três Ave-Marias. Glória ao Pai.
Jaculatória: São Miguel Arcanjo,
defendei-nos no combate.
Quem como Deus? Ninguém como Deus!

SÃO MIGUEL ARCANJO

Sétima saudação
Saudamos o sétimo coro dos Anjos e pedimos, pela intercessão de São Miguel e do coro celeste dos Principados, para que o Senhor encha nossas almas do espírito de uma verdadeira e sincera obediência. Amém.

Em honra ao sétimo coro dos anjos rezemos:
Pai-Nosso. Três Ave-Marias. Glória ao Pai.
Jaculatória: São Miguel Arcanjo,
defendei-nos no combate.
Quem como Deus? Ninguém como Deus!

Oitava saudação
Saudamos o oitavo coro dos Anjos e pedimos, pela intercessão de São Miguel e do coro celeste dos Arcanjos, para que o Senhor nos conceda o dom da perseverança na fé e nas boas obras, a fim de que possamos chegar a possuir a glória do Paraíso. Amém.

Em honra ao oitavo coro dos anjos rezemos:
Pai-Nosso. Três Ave-Marias. Glória ao Pai.
Jaculatória: São Miguel Arcanjo,
defendei-nos no combate.
Quem como Deus? Ninguém como Deus!

Nona saudação
Saudamos o nono coro dos Anjos e pedimos, pela intercessão de São Miguel e do coro celeste de todos os Anjos, para que sejamos guardados por eles nesta vida mortal, para sermos conduzidos por eles à glória eterna do Céu. Amém.

Em honra ao nono coro dos anjos rezemos:
Pai-Nosso. Três Ave-Marias. Glória ao Pai.
Jaculatória: São Miguel Arcanjo,
defendei-nos no combate.
Quem como Deus? Ninguém como Deus!

Reze:
Um Pai-Nosso em honra de São Miguel Arcanjo.
Um Pai-Nosso em honra de São Gabriel.
Um Pai-Nosso em honra de São Rafael.
Um Pai-Nosso em honra de nosso Anjo da Guarda.

Oração Final
Antífona: Gloriosíssimo São Miguel, chefe e príncipe dos exércitos celestes, fiel guardião das almas, vencedor dos espíritos rebeldes, amado da casa de Deus, nosso admirável guia depois de Cristo; vós, cuja excelência e virtudes são eminentíssimas, dignai-vos livrar-nos de todos os males, nós todos que recorremos a vós com confiança, e fazei pela vossa incomparável proteção, que adiantemos cada dia mais na fidelidade em servir a Deus. Amém.

Rogai por nós, ó bem-aventurado São Miguel, príncipe da Igreja de Cristo. Para que sejamos dignos de suas promessas. Amém.

Oremos: Deus, todo poderoso e eterno, que por um prodígio de bondade e misericórdia para a salvação dos homens, escolhestes para príncipe de Vossa Igreja o gloriosíssimo Arcanjo São Miguel, tornai-nos dignos, nós vo-lo pedimos, de sermos preservados de todos os nossos inimigos, a fim de que na hora da nossa morte nenhum deles nos possa inquietar, mas que nos seja dado de sermos introduzidos por ele na presença da Vossa poderosa e augusta Majestade, pelos merecimentos de Jesus Cristo, Nosso Senhor. Amém.

CONSAGRAÇÃO DAS FAMÍLIAS A SÃO MIGUEL ARCANJO

Ó Grande São Miguel Arcanjo, príncipe e chefe das legiões angélicas, penetrado do sentimento de vossa grandeza, de vossa bondade e de vosso poder, em presença da adorável Santíssima Trindade, da Virgem Maria e toda a corte celeste, venho hoje consagrar minha família a vós.

Quero, com minha família, vos honrar e invocar fielmente. Recebei-nos sob vossa especial proteção e dignai-vos, desde então, velar sobre os nossos interesses espirituais e temporais. Conservai entre nós a perfeita união do espírito dos corações e do amor familiar.

Defendei-nos contra o ataque inimigo, preservai-nos de todo mal e, particularmente, da desgraça de ofender a Deus. Que por vossos cuidados, devotados e vigilantes, cheguemos todos à felicidade eterna. Dignai-vos, grande São Miguel Arcanjo, reunir todos os membros de nossa família. Amém.

CONSAGRAÇÃO A SÃO MIGUEL ARCANJO

Ó Príncipe nobilíssimo dos Anjos, valoroso guerreiro do Altíssimo, zeloso defensor da glória do Senhor, terror dos espíritos rebeldes, amor e delícia de todos os Anjos justos, meu diletíssimo Arcanjo São Miguel. Desejando eu fazer parte do número dos vossos devotos e servos, a vós hoje me consagro, me dou, me ofereço e ponho-me a mim próprio, a minha família e tudo o que me pertence, debaixo da vossa poderosíssima proteção.

É pequena a oferta do meu serviço, sendo como sou um miserável pecador, mas vós engrandecereis o afeto do meu coração. Recordai-vos que de hoje em diante estou debaixo do vosso sustento e deveis assistir-me em toda a minha vida e obter-me o perdão dos meus muitos e graves pecados, e a graça de amar a Deus de todo o coração, ao meu querido Salvador Jesus Cristo e a minha Mãe Maria Santíssima. Obtende-me aqueles auxílios que me são necessários para obter a coroa da eterna glória.

Defendei-me dos inimigos da alma, especialmente na hora da morte. Vinde, ó príncipe gloriosíssimo, assistir-me na última luta e com a vossa arma poderosa lançai para longe, precipitando nos abismos do inferno, aquele anjo quebrador de promessas e soberbo que um dia prostrastes no combate no Céu.

São Miguel Arcanjo, defendei-nos no combate para que não pereçamos no supremo juízo. Amém.

SÃO MIGUEL ARCANJO

ANTIGA ORAÇÃO ATRIBUÍDA A PADRE PIO[2]

Ó glorioso São Miguel Arcanjo, Príncipe da Milícia Celeste, Protetor da Igreja Universal, defendei-nos contra os muitos inimigos que nos cercam.
Não permita que hoje eles nos levem a ofender a Deus.
Proteja-nos de tantas ciladas e tantas armadilhas que colocam em nosso caminho, em nossos passos.
Combata contra eles e coloca-os em fuga.
Se vierem nos fazer mal, seja em nosso corpo, em meio às doenças, seja em nossa alma, em meio às más paixões que queiram despertar em nós ou em nossos bens que queiram destruir.
Triunfa sobre a cólera do inimigo, apoia-nos em nossas dificuldades, no combate da vida, sobretudo no momento da morte. Amém.

ANTIGA ORAÇÃO ATRIBUÍDA A ALCUÍNO[3]

Príncipe gloriosíssimo São Miguel Arcanjo, capitão e caudilho dos exércitos celestiais, recebedor das almas, debelador dos malignos espíritos, cidadão do Senhor e governador depois de Jesus Cristo da Igreja de Deus, e de grande excelência e virtude, livra a todos os que te chamamos de toda adversidade e faz-nos aproveitar no serviço de Deus por teu precioso ofício e digníssima intercessão. Roga por

---

2. Essa oração era rezada por Padre Pio, que ensinou ao Dr. Gasparini, de acordo com o filme "São Miguel Arcanjo, o anjo maior", produzido no Brasil pela Kolbe Produções.
3. NIEREMBERG, Padre Juan Eusebio (1595-1658). Devoção a São Miguel Arcanjo, p. 201. Rio de Janeiro: Caritatem, 2021.

nós, beatíssimo São Miguel, príncipe da Igreja de Cristo, para que sejamos dignos das promessas de Deus. Amém.

BÊNÇÃO E IMPOSIÇÃO DO ESCAPULÁRIO DE SÃO MIGUEL ARCANJO

V. O nosso auxílio está no nome do Senhor.
R. Que fez o Céu e a terra.
V. O Senhor esteja convosco.
R. Ele está no meio de nós.

Oremos:
Deus eterno e todo-poderoso, que vos dignais em defender a Vossa Igreja por meio de São Miguel Arcanjo contra as perversidades diabólicas: nós vos pedimos suplicantes que abençoeis † e santifiqueis † este sinal, para que ele desperte e alimente entre Vossos fiéis e naqueles que o portarem, a devoção estabelecida em tão poderoso patrono. Fortalecei-os com o auxílio do mesmo Arcanjo e concedeis que eles superem os inimigos da alma e do corpo, nesta vida e na hora da morte. Por Cristo, nosso Senhor. Amém.
(Asperge o escapulário com água benta; em seguida o impõe, dizendo...)

V. Recebe, irmão (irmã), o escapulário de São Miguel Arcanjo, que ele, continuamente te assistindo, te dê forças para conduzir-te a uma vida santa.
R. Amém.

SÃO MIGUEL ARCANJO

Oremos:
Ouvi propício, Senhor, nós vos pedimos, nossas preces e digneis abençoar † este vosso servo (esta vossa serva) confiado(a) à proteção especial de São Miguel; de modo que, por sua intercessão, possa vos agradar até não querer mais, evitando e impedindo o pecado, e mereça, estando a vosso serviço, obter sua santificação e dos demais irmãos. Por Cristo, nosso Senhor. Amém.

QUARESMA DE SÃO MIGUEL ARCANJO

ORAÇÃO INICIAL
São Miguel Arcanjo, defendei-nos no combate, sede o nosso refúgio contra as maldades e as ciladas do demônio. Ordene-lhe Deus, instantemente o pedimos, e vós, ó Príncipe da Milícia Celeste, pelo divino poder, precipitai no inferno a satanás e a todos os espíritos malignos, que andam pelo mundo para perder as almas. Amém.
Sacratíssimo Coração de Jesus, tende piedade de nós! (3x)

LADAINHA A SÃO MIGUEL ARCANJO
Senhor, **tende piedade de nós.**
Jesus Cristo, **tende piedade de nós.**
Senhor, **tende piedade de nós.**
Jesus Cristo, **ouvi-nos.**
Jesus Cristo, **atendei-nos.**
Pai Celeste, que sois Deus, **tende piedade de nós.**
Filho, Redentor do Mundo, que sois Deus, **tende piedade de nós.**

Espírito Santo, que sois Deus, **tende piedade de nós.**
Santíssima Trindade, que sois um único Deus,
tende piedade de nós.
Santa Maria, Rainha dos Anjos, **rogai por nós.**
São Miguel, **rogai por nós.**
São Miguel, cheio da graça de Deus...
São Miguel, perfeito adorador do Verbo Divino...
São Miguel, coroado de honra e de glória...
São Miguel, poderosíssimo Príncipe
dos exércitos do Senhor...
São Miguel, porta-estandarte da Santíssima Trindade...
São Miguel, guardião do Paraíso...
São Miguel, guia e consolador do povo israelita...
São Miguel, esplendor e fortaleza da Igreja militante...
São Miguel, honra e alegria da Igreja triunfante...
São Miguel, Luz dos Anjos...
São Miguel, baluarte dos Cristãos...
São Miguel, força daqueles que combatem pelo
estandarte da Cruz...
São Miguel, luz e confiança das almas no último
momento da vida...
São Miguel, socorro muito certo...
São Miguel, nosso auxílio em todas as adversidades...
São Miguel, arauto da sentença eterna...
São Miguel, consolador das almas que estão
no Purgatório...
São Miguel, a quem o Senhor incumbiu de receber as
almas que estão no Purgatório...
São Miguel, nosso Príncipe...
São Miguel, nosso Advogado...
Cordeiro de Deus, que tirais o pecado do mundo,

perdoai-nos, Senhor.
Cordeiro de Deus, que tirais o pecado do mundo,
atendei-nos, Senhor.
Cordeiro de Deus, que tirais o pecado do mundo,
tende piedade de nós.

Rogai por nós, ó glorioso São Miguel, Príncipe da Igreja de Cristo, **para que sejamos dignos de Suas promessas. Amém**!

Oremos: Senhor Jesus Cristo, santificai-nos, por uma bênção sempre nova, e concedei-nos, pela intercessão de São Miguel, esta sabedoria que nos ensina a ajuntar riquezas do Céu e a trocar os bens do tempo presente pelos da eternidade. Vós que viveis e reinais em todos os séculos dos séculos. Amém!

Ao final, reza-se:
Um Pai-Nosso em honra de São Gabriel.
Um Pai-Nosso em honra de São Rafael.
Um Pai-Nosso em honra de São Miguel Arcanjo.

Oremos: Gloriosíssimo São Miguel, chefe e príncipe dos exércitos celestes, fiel guardião das almas, vencedor dos espíritos rebeldes, amado da casa de Deus, nosso admirável guia depois de Cristo; vós, cuja excelência e virtudes são eminentíssimas, dignai-vos livrar-nos de todos os males, nós todos que recorremos a vós com confiança, e fazei pela vossa incomparável proteção, que adiantemos cada dia mais na fidelidade em servir a Deus.

Rogai por nós, ó bem-aventurado São Miguel, príncipe da Igreja de Cristo.
Para que sejamos dignos de suas promessas. Amém.

Oração: Deus, todo poderoso e eterno, que por um prodígio de bondade e misericórdia para a salvação dos homens, escolhestes para príncipe de Vossa Igreja o gloriosíssimo Arcanjo São Miguel, tornai-nos dignos, nós vo-lo pedimos, de sermos preservados de todos os nossos inimigos, a fim de que, na hora da nossa morte, nenhum deles nos possa inquietar, mas que nos seja dado de sermos introduzidos por ele na presença da Vossa poderosa e augusta Majestade, pelos merecimentos de Jesus Cristo, Nosso Senhor. Amém.

Consagração a São Miguel Arcanjo

Ó Príncipe nobilíssimo dos Anjos, valoroso guerreiro do Altíssimo, zeloso defensor da glória do Senhor, terror dos espíritos rebeldes, amor e delícia de todos os Anjos justos, meu diletíssimo Arcanjo São Miguel: desejando eu fazer parte do número dos vossos devotos e servos, a vós hoje me consagro, me dou, me ofereço e ponho-me a mim próprio, a minha família e tudo o que me pertence, debaixo da vossa poderosíssima proteção.

É pequena a oferta do meu serviço, sendo como sou um miserável pecador, mas vós engrandecereis o afeto do meu coração. Recordai-vos que de hoje em diante estou debaixo do vosso sustento e deveis assistir-me em toda a minha vida e obter-me o perdão dos meus muitos e

graves pecados, e a graça de amar a Deus, meu Salvador, de todo o coração, e a minha Mãe Maria Santíssima. Obtende-me aqueles auxílios que me são necessários para obter a coroa da eterna glória.
Defendei-me dos inimigos da alma, especialmente na hora da morte. Vinde, ó príncipe gloriosíssimo, assistir-me na última luta e com a vossa arma poderosa lançai para longe, precipitando nos abismos do inferno, aquele anjo quebrador de promessas e soberbo que um dia prostrastes no combate no Céu.

São Miguel Arcanjo, defendei-nos no combate para que não pereçamos no supremo juízo. Amém.

SÚPLICA ARDENTE AOS SANTOS ANJOS

Deus uno e trino, onipotente e eterno! Antes de suplicarmos aos Vossos servos, os Santos Anjos, prostramo-nos diante de Vós e Vos adoramos, Pai, Filho e Espírito Santo! Bendito e louvado sejais por toda a eternidade! E que todos os anjos e homens, por Vós criados, Vos adorem, Vos amem e Vos sirvam, ó Deus santo, Deus forte, Deus imortal!
E vós, Maria, Rainha de todos os anjos, aceitai benigna as nossas súplicas dirigidas aos vossos servos e apresentai-as junto do trono do Altíssimo — vós que sois a onipotência suplicante e medianeira das graças — a fim de obtermos graça, salvação e auxílio. Amém.

PE. MÁRCIO ALMEIDA

Poderosos Santos Anjos, que por Deus nos fostes concedidos para nossa proteção e auxílio, em nome da Santíssima Trindade nós vos suplicamos:
Vinde depressa, socorrei-nos!

Nós vos suplicamos em nome do Preciosíssimo Sangue de Nosso Senhor Jesus Cristo:
Vinde depressa, socorrei-nos!

Nós vos suplicamos pelo poderosíssimo nome de Jesus:
Vinde depressa, socorrei-nos!

Nós vos suplicamos por todas as chagas de
Nosso Senhor Jesus Cristo:
Vinde depressa, socorrei-nos!

Nós vos suplicamos por todos os martírios de
Nosso Senhor Jesus Cristo:
Vinde depressa, socorrei-nos!

Nós vos suplicamos pela Palavra santa de Deus:
Vinde depressa, socorrei-nos!

Nós vos suplicamos pelo Coração de Nosso
Senhor Jesus Cristo:
Vinde depressa, socorrei-nos!

Nós vos suplicamos em nome do amor que
Deus tem por nós, pobres:
Vinde depressa, socorrei-nos!

SÃO MIGUEL ARCANJO

Nós vos suplicamos em nome da fidelidade de Deus
por nós, pobres:
Vinde depressa, socorrei-nos!
Nós vos suplicamos em nome da misericórdia
de Deus por nós, pobres:
Vinde depressa, socorrei-nos!

Nós vos suplicamos em nome de Maria,
Mãe de Deus e nossa Mãe:
Vinde depressa, socorrei-nos!

Nós vos suplicamos em nome de Maria,
Rainha do Céu e da terra:
Vinde depressa, socorrei-nos!

Nós vos suplicamos em nome de Maria,
vossa Rainha e Senhora:
Vinde depressa, socorrei-nos!

Nós vos suplicamos pela vossa própria bem-aventurança:
Vinde depressa, socorrei-nos!

Nós vos suplicamos pela vossa própria fidelidade:
Vinde depressa, socorrei-nos!

Nós vos suplicamos pela vossa luta na defesa
do Reino de Deus:
Vinde depressa, socorrei-nos!

Nós vos suplicamos:
Protegei-nos com o vosso escudo!

Nós vos suplicamos:
Defendei-nos com a vossa espada!

Nós vos suplicamos:
Iluminai-nos com a vossa luz!

Nós vos suplicamos:
Salvai-nos sob o manto protetor de Maria!

Nós vos suplicamos:
Guardai-nos no Coração de Maria!

Nós vos suplicamos:
Confiai-nos às mãos de Maria!

Nós vos suplicamos:
Mostrai-nos o caminho que conduz à Porta da Vida:
o Coração aberto de Nosso Senhor!

Nós vos suplicamos:
Guiai-nos com segurança à Casa do Pai celestial!

Todos vós, nove coros dos espíritos bem-aventurados:
Vinde depressa, socorrei-nos!

Vós, nossos companheiros especiais, a nós dados por Deus:
Vinde depressa, socorrei-nos!

Insistentemente vos suplicamos:
Vinde depressa, socorrei-nos!

SÃO MIGUEL ARCANJO

O Sangue Preciosíssimo de Nosso Senhor e Rei foi derramado por nós, pobres.
Insistentemente vos suplicamos: vinde depressa, socorrei-nos!
O Coração de Nosso Senhor e Rei bate por amor de nós, pobres.
Insistentemente vos suplicamos: vinde depressa, socorrei-nos!

O Coração Imaculado de Maria, Virgem puríssima e vossa Rainha, bate por amor de nós pobres.
Insistentemente vos suplicamos: vinde depressa, socorrei-nos!

São Miguel Arcanjo, vós, príncipe dos exércitos celestes, vencedor do dragão infernal, recebestes de Deus força e poder para aniquilar, pela humildade, a soberba dos poderes das trevas.
Nós vos suplicamos que nos ajudeis a ter uma verdadeira humildade de coração, uma fidelidade inabalável no cumprimento contínuo da vontade de Deus e a fortaleza no sofrimento e na penúria. Socorrei-nos para subsistirmos perante o tribunal de Deus!

São Gabriel Arcanjo, vós, Anjo da Encarnação, mensageiro fiel de Deus, abri os nossos ouvidos também às suaves exortações e apelos do Coração amoroso de Nosso Senhor.
Nós vos suplicamos que fiqueis sempre diante do nosso olhar para compreendermos bem a palavra de Deus, a seguirmos e lhe obedecermos e, assim, realizarmos aquilo que Deus quer de nós. Ajudai-nos a estar sempre disponíveis e vigilantes, de modo a que o Senhor, quando vier, não nos encontre dormindo!

PE. MÁRCIO ALMEIDA

São Rafael Arcanjo, vós, flecha de amor e remédio do amor de Deus,
Nós vos suplicamos, feri o nosso coração com o amor ardente de Deus e nunca deixeis que esta ferida sare, para que, também no dia a dia, permaneçamos sempre no caminho do amor e tudo vençamos através do amor!

Socorrei-nos, vós, nossos irmãos grandes e santos, que conosco servis diante de Deus!
Defendei-nos de nós próprios, da nossa covardia e tibieza, do nosso egoísmo e avareza, da nossa inveja e desconfiança, da nossa avidez de fartura, bem-estar e estima pública.

Desatai em nós as algemas do pecado e do apego às coisas terrenas. Tirai dos nossos olhos as vendas que nós mesmos nos pusemos para não precisarmos ver a miséria ao nosso redor e permanecermos, assim, sossegados numa contemplação e compaixão de nós mesmos.
Cravai no nosso coração o aguilhão da santa inquietude por Deus, para que não cessemos de procurá-Lo com ansiedade, contrição e amor.

Contemplai o Sangue de Nosso Senhor, derramado por nossa causa!
Contemplai as lágrimas da vossa Rainha, choradas por nossa causa!

Contemplai em nós a imagem de Deus, que Ele por amor imprimiu na nossa alma e agora está desfigurada por nossos pecados!
Auxiliai-nos a conhecer Deus, adorá-Lo, amá-Lo e servi-Lo!

Auxiliai-nos na luta contra os poderes das trevas que disfarçadamente nos envolvem e afligem.

Auxiliai-nos para que nenhum de nós se perca e, um dia, nos reunamos todos, jubilosos, na eterna bem-aventurança. Amém.

São Miguel, assisti-nos com os vossos Anjos,
ajudai-nos e rogai por nós!
São Gabriel, assisti-nos com os vossos Anjos,
ajudai-nos e rogai por nós!
São Rafael, assisti-nos com os vossos Anjos,
ajudai-nos e rogai por nós!

ORAÇÃO DE LIBERTAÇÃO A SÃO MIGUEL ARCANJO

Ó glorioso São Miguel Arcanjo, príncipe do exército celeste, defende-nos na luta contra os dominadores deste mundo de trevas e contra os espíritos do mal que habitam nas regiões celestes.

Vem em auxílio dos homens que Deus criou à Sua imagem e resgatados a preço caro da tirania do demônio.

A Santa Igreja te venera como seu guardião e patrono.

O Senhor te confiou a missão de acolher na felicidade do Céu as almas dos redimidos.
Roga ao Deus da paz para que expulse Satanás debaixo dos nossos pés, impedindo-lhe de continuar mantendo os homens em cativeiro e prejudicar a Igreja.

Leva as nossas orações à presença do Altíssimo, para que venha logo ao nosso encontro a Sua misericórdia. Acorrenta o dragão, a antiga serpente, aquele que é o diabo e Satanás: amarra-o e joga-o no abismo, de modo que nunca mais seduza os homens.
Amém.

REFERÊNCIAS BIBLIOGRÁFICAS

1932: São Paulo em chamas - Luiz Octávio de Lima - Ed. Planeta – 2018.

A devoção a São Miguel Arcanjo - Pe. Márcio Giordany Costa de Almeida – 2020.

A Epopéa - Áureo de Almeida Camargo - Saraiva&Cia – 1933.

Arquivo do jornal "A Gazeta", de São Paulo - Hemeroteca da Biblioteca Nacional.

Carne para canhão - Tenente Clóvis Gonçalves - Renascença Editora – 1933.

Catecismo da Igreja Católica

Civilização Brasileira, 1953 Trem Blindado - Fernando P. Médici – 1933.

Da Fazenda Velha São Miguel Arcanjo – A saga do Tenente Urias – Manoel Valente Barbas – 1998.

História da revolução de 32 - Hernâni Donato - Ed. Ibrasa – 2002.

Histórias da Paróquia de São Miguel Arcanjo - Miguel França de Mattos – 2016.

https://www.vatican.va/roman_curia/congregations/cfaith/documents/rc_con_cfaith_doc_20111214_prefazione-levada_po.html

https://www.vatican.va/roman_curia/congregations/cfaith/documents/rc_con_cfaith_doc_19780225_norme-apparizioni_po.html

https://formacao.cancaonova.com/diversos/varias-aparicoes-de-sao-miguel/
https://www.imaculadamaria.com.br/Pagina/21916/Aparicao-de-Sao-Miguel-Arcanjo-a-serva-de-Deus-Antonia-de-Astonaco

https://www.acidigital.com/noticias/sabia-que-sao-miguel-arcanjo-apareceu-no-mexico-42493

Memórias de um Revolucionário. João Alberto Lins de Barros.

NIEREMBERG, Padre Juan Eusebio (1595-1658). Devoção a São Miguel Arcanjo, p. 201. Rio de Janeiro: Caritatem, 2021.

Palmo a palmo - Capitão Justino Alves Bastos – 1932.

São Miguel Arcanjo – Um tratado sobre angelologia – Loo Burnett – 2021.

TECU USEI, Museus dos Tesouros do Culto Micaélico, p. 13, versão em português. Basílica do Santuário de São Miguel Arcanjo. Itália

Vitória ou derrota? - Capitão Dilermando de Assis - Calvino Filho Editor – 1936.

SÃO MIGUEL ARCANJO

O santo guerreiro da Revolução de 1932

ANGELVS
EDITORA

www.angeluseditora.com